Nicolas Zanders
Sachkunde in Aufsichts- und Verwaltungsräten
kommunaler Unternehmen

Herausgeber der Reihe Besonderes Verwaltungsrecht

Prof. Dr. Frank Bätge | Hochschule für Polizei und öffentliche Verwaltung NRW

Prof. Dr. Hendrik Lackner | Hochschule Osnabrück

Prof. Dr. Arne Pautsch | Hochschule für Öffentliche Verwaltung und Finanzen, Ludwigsburg

Prof. Dr. Katrin Stein | Hessische Hochschule für öffentliches Management und Sicherheit, Wiesbaden

Prof. Dr. Stephan Tomerius | Hochschule für Wirtschaft und Recht (HWR) Berlin

Sachkunde in Aufsichts- und Verwaltungsräten kommunaler Unternehmen

Mindestkenntnisse, Wunsch und Wirklichkeit

von

Nicolas Zanders

Die Herstellung bei KSV Medien erfolgt weitgehend digital und in dem Bewusstsein, eine möglichst ressourcenschonende Produktion zu gewährleisten.

Bibliografische Information der Deutschen Nationalbibliothek
Die Deutsche Nationalbibliothek verzeichnet diese Publikation in der Deutschen Nationalbibliografie; detaillierte bibliografische Daten sind im Internet über http://dnb.dnb.de abrufbar.

Druck: CPI books

ISBN 978-3-8293-1976-8

Inhaltsverzeichnis

Vorwort 9
Literaturverzeichnis 11
Abkürzungsverzeichnis 25
A. Einleitung 31
B. Rahmenbedingungen für Aufsichts- und Verwaltungsräte kommunaler Unternehmen 43
B. I. Begriff des kommunalen Unternehmens 44
B. II. Kommunalrechtliche Grundlagen 45
B. II. 1. Voraussetzungen (nicht)wirtschaftlicher Betätigung (§§ 107 f. GO NRW) 46
B. II. 2. Voraussetzungen für Unternehmen des Privatrechts (§ 108 GO NRW) 50
B. II. 3. Arbeitnehmermitbestimmung in Aufsichtsräten (§§ 108a f. GO NRW) 53
B. II. 4. Wirtschaftsgrundsätze (§ 109 GO NRW) 55
B. II. 5. Vertretung der Kommunen in Unternehmen (§ 113 GO NRW) 57
B. III. Rechtsformen kommunaler Unternehmen 60
B. III. 1. Anstalt öffentlichen Rechts 62
B. III. 2. Aktiengesellschaft 67
B. III. 3. Gesellschaft mit beschränkter Haftung 71
C. Anforderungen an Erfahrung und Sachkunde kommunaler Aufsichts- und Verwaltungsräte 76
C. I. Gesellschaftsrechtliche Anforderungen 76
C. I. 1. Anwendungsbereich 77
C. I. 2. Inhaltliche Anforderungen 77
C. I. 3. Folgen nicht vorhandener Mindestkenntnisse 81
C. II. Anforderungen nach § 113 Abs. 6 S. 1 GO NRW 83
C. II. 1. Anwendungsbereich 84
C. II. 2. Normadressat(en) 87

C. II. 3. Inhaltliche Anforderungen ... 90
C. II. 4. Folgen nicht vorhandener Mindestkenntnisse ... 94
C. III. Fazit zu den Anforderungen an Erfahrung und Sachkunde kommunaler Aufsichts- und Verwaltungsräte ... 100
D. Anforderungsprofil für die Besetzung von Aufsichts- und Verwaltungsräten kommunaler Unternehmen ... 103
D. I. Die Überwachungsaufgabe des Aufsichts- bzw. Verwaltungsrats ... 106
D. I. 1. Vergangenheitsbezogene Kontrolle ... 107
D. I. 2. Zukunftsgerichtete Beratung ... 109
D. II. Erforderliche Erfahrung und Sachkunde des Gesamtorgans ... 111
D. II. 1. Juristische Kenntnisse ... 113
D. II. 2. Kenntnisse im Bereich Rechnungslegung und Abschlussprüfung ... 115
D. II. 3. Vertrautheit mit dem Sektor/der Branche des Unternehmens ... 116
D. II. 4. Erfahrung und Sachkunde im Bereich Nachhaltigkeit ... 120
D. II. 5. Erfahrung und Sachkunde im Bereich Digitalisierung ... 128
D. II. 6. Bewertung des öffentlichen Zwecks und seines Wandels ... 130
D. III. Fazit zum Anforderungsprofil für die Besetzung von Aufsichts- undVerwaltungsräten kommunaler Unternehmen ... 133
E. Anforderungsgerechte Besetzung von Aufsichts- und Verwaltungsräten kommunaler Unternehmen in der Praxis ... 135
E. I. Der Besetzungsprozess im Status Quo ... 135

E. II. Maßnahmen für eine anforderungsgerechtere Besetzung von Aufsichts- und Verwaltungsräten kommunaler Unternehmen 138
E. II. 1. Berücksichtigung der Anforderungen an die Erfahrung und Sachkunde im Besetzungsprozess 139
E. II. 2. Formalisierung einer anforderungsgerechten Besetzung 143
E. II. 3. Vermehrte Berücksichtigung externer Fachleute 146
E. II. 4. Angemessene Vergütung 150
E. II. 5. Einschränkung der Haftungsfreistellung 153
E. III. Fazit zur anforderungsgerechten Besetzung von Aufsichts- und Verwaltungsräten kommunaler Unternehmen 156
F. Gesamtfazit und Ausblick 157
Anhang 1 163
Anhang 2 165

Vorwort

Das vorliegende Buch entspricht weitgehend einer Masterarbeit, mit der ich ein Public-Management-Studium an der Hochschule für Polizei und öffentliche Verwaltung Nordrhein-Westfalen abgeschlossen habe. Auch im Rahmen meiner beruflichen Tätigkeit befasse ich mich bereits seit dem Jahr 2015 schwerpunktmäßig mit der Arbeit von Überwachungsorganen öffentlicher Unternehmen und deren Besetzung. Nach meiner Erfahrung aus der Praxis trägt eine sachkundige Besetzung dieser Organe zu einer spürbar besseren Wahrnehmung der ihnen obliegenden Aufgaben bei. Hiervon profitieren sowohl die öffentlichen Unternehmen als auch die öffentliche Hand als deren Eigentümer und damit letztlich die Bürgerinnen und Bürger. Dies gilt auch und in besonderem Maße für kommunale Unternehmen, die nicht nur die Mehrheit der öffentlichen Unternehmen repräsentieren, sondern häufig in Bereichen mit hoher und unmittelbarer Bedeutung für die Bürgerinnen und Bürger tätig sind – zu nennen ist hier sicher in erster Linie der Bereich der Daseinsvorsorge. Ich bin angesichts dessen überzeugt davon, dass die Diskussion über die Sachkunde in Überwachungsorganen öffentlicher bzw. kommunaler Unternehmen keine theoretische sein darf, sondern dass es sich aus den genannten Gründen lohnt, verstärkt auf eine sachkundige Besetzung in der Praxis hinzuwirken und sich – im Rahmen seiner jeweiligen Möglichkeiten – dafür einzusetzen. Mit diesem Buch hoffe ich, einen kleinen Beitrag hierzu leisten zu können.

Für die Unterstützung bei der Themenfindung für meine Masterarbeit sowie für die Begleitung derselben bedanke ich mich ganz herzlich bei Prof. Dr. Frank Bätge, der seinerseits die Arbeit von Überwachungsorganen kommunaler Unternehmen bereits durch einige Veröffentlichungen beleuchtet hat. Ein besonderer Dank gilt meinem geschätzten Kollegen Dr. Rudi Stracke, der zahlreiche Hausarbeiten ebenso wie meine Masterarbeit korrekturgelesen und mir stets wertvolle Anregungen gegeben hat. Für die Unterstützung meiner beruflichen Entwicklung (u. a. die Möglichkeit, nebenberuflich ein Masterstudium zu absolvieren) und für das mir entgegengebrachte Vertrauen bedanke ich mich bei Susanne Elsässer, Gerhard Heilgenberg und Günther Bongartz.

Weder das Masterstudium noch meine berufliche Tätigkeit hätte ich so wahrnehmen können, wie ich es getan habe, ohne die herausragende Unterstützung meiner Frau Petra, die mir nicht nur in vielen Lebenslagen den Rücken freihält, sondern seit nunmehr fast 15 Jahren gemeinsam mit mir durchs Leben geht. Für ihren Rückhalt werde ich mich nie genug bedanken können. Ich widme dieses Buch unserem Sohn Oskar, der mir bei allem Interesse für die hier behandelten Themen jeden Tag vor Augen führt, worum es im Leben wirklich geht.

Mönchengladbach, im April 2024 Nicolas Zanders

Literaturverzeichnis

Altmeppen, Holger, Die Einflussrechte der Gemeindeorgane in einer kommunalen GmbH, NJW 2003, S. 2561-2567.

Arbeitskreis Recht des Aufsichtsrats, Eckpunkte für eine Reform des Aufsichtsrechts, NZG 2021, S. 477-483.

Bätge, Frank, Arbeit in Aufsichts- und Verwaltungsräten kommunaler Unternehmen und Einrichtungen in Nordrhein-Westfalen, SGK-Schriftenreihe Band 42, Düsseldorf 2020.

Bätge, Frank, Die wirtschaftliche Betätigung der Kommunen im Lichte der aktuellen Rechtsprechung – Erster Teil, KommJur 2020, S. 321-325.

Bätge, Frank, Die wirtschaftliche Betätigung der Kommunen im Lichte der aktuellen Rechtsprechung – Zweiter Teil, KommJur 2020, S. 365-369.

Bätge, Frank, Kommunalrecht Nordrhein-Westfalen, 6. Auflage, Heidelberg 2022.

Bauer, Jan Christian/Rapp, Marc Steffen/Wolff, Michael, Nachholbedarf bei der Digitalisierung der Geschäftsmodelle – Ergebnisse einer aktuellen Befragung von Arbeitnehmervertretern im Aufsichtsrat, AR 2023, S. 144-146.

Bayer, Walter/Hommelhoff, Peter/Kleindiek, Detlef, Lutter/Hommelhoff GmbHG Kommentar, 21. Auflage, Köln 2023.

Berger, Lucina/Favoccia, Daniela/Groß, Wolfgang/Heldt, Cordula/Roýé, Claudia, ESG-Studie: Unternehmen im Transformationsprozess – Herausforderungen und Chancen von Nachhaltigkeit, AG 2022, S. 279-283.

Bundesanstalt für Finanzdienstleistungsaufsicht, Merkblatt zu den Mitgliedern von Verwaltungs- oder Aufsichtsorganen gemäß KWG und KAGB vom 29. Dezember 2020, https://www.bafin.de/SharedDocs/Veroeffentlichungen/DE/Merkblatt/mb_verwaltungs-aufsichtsorgane_KWG_KAGB.html (aufgerufen zuletzt am 26. April 2024).

Bundesvereinigung der kommunalen Spitzenverbände, Stellungnahme vom 9. Januar 2023 zum Entwurf der Europäischen Kommission zu einer Delegierten Verordnung betreffend Standards für die Nachhaltigkeitsberichterstattung nach der Corporate Sustainability Reporting Directive (CSRD), https://www.wir-sind-rechtsstaat.de/SharedDocs/Gesetzgebungsverfahren/Stellungnahmen/2023/Downloads/0109_Stellungnahme_BV_CSRD.pdf?__blob=publicationFile&v=2 (aufgerufen zuletzt am 20. Januar 2024).

Buken, Dirk, „Der Mitbestimmung noch eine Gasse!?“ – Eine verfassungsrechtliche Analyse der §§ 108 a, 108 b GO NRW, NWVBl. 2016, S. 441-444.

Bühren, Lars Frederik, Der Rechtsanwalt als Aufsichtsratsmitglied – Eine aktienrechtliche Analyse unter besonderer Berücksichtigung des anwaltlichen Berufsrechts, Baden-Baden 2019.

Cronauge, Ulrich, Kommunale Unternehmen, 6. Auflage, Berlin, 2016.

Daghles, Natalie, Cybersecurity-Compliance: Pflichten und Haftungsrisiken für Geschäftsführer in Zeiten fortschreitender Digitalisierung, DB 2018, S. 2289-2294.

Dietlein, Johannes/Heusch, Andreas (Hrsg.), Beck'scher Online-Kommentar Kommunalrecht Nordrhein-Westfalen, 24. Edition, München 2023.

Dirnberger, Franz/Meyer, Hubert/Schwarting, Gunnar/Stubenrauch, Hubert/Klang, Klaus/Haßenkamp, Werner/Bender, Joachim/Hilligardt, Jan/Weinl, Monika/Henneke, Hans-Günter/Schliesky, Utz/Sponer, Wolf-Uwe/Winkel, Johannes/Bülow, Jörg/Zimmermann, Uwe/Dedy, Helmut/v. Komorowski, Alexis/Wellmann, Andreas (Hrsg.), Praxis der Kommunalverwaltung, Kommunalverfassungsgesetz des Landes Sachsen-Anhalt Band 1, 13. Fassung, Wiesbaden 2022.

Dörrwächter, Jan, Der Aufsichtsrat im Spiegel des Deutschen Corporate Governance Kodexes, in Jan Dörrwächter (Hrsg.), Corporate Governance in Deutschland – Der neue Kodex als Impulsgeber, S. 63-71, Düsseldorf 2020.

Dreher, Meinrad, Die Gesamtqualifikation des Aufsichtsrats – Die Rechtslage in der Normal-AG und bei beaufsichtigten Versicherungsunternehmen sowie Kreditinstituten, in Gerd Krieger, Marcus Lutter und Karsten Schmidt (Hrsg.), Festschrift für Michael Hoffmann-Becking zum 70. Geburtstag, S. 313-330, München 2013.

Ek, Ralf/Kock, Martin, Haftungsrisiken für Vorstand und Aufsichtsrat, 3. Auflage, München 2019.

Engau, Herwigh/Dietlein, Johannes/Josten, Ralf, Sparkassengesetz Nordrhein-Westfalen Kommentar, 3. Auflage mit 9. Ergänzungslieferung, Stuttgart 2022.

Eulner, Viola, Nachhaltigkeitsberichterstattung: Inwieweit sind öffentliche Unternehmen davon betroffen?, Wpg 2022, S. 745-752.

Expertenkommission Deutscher Public Corporate Governance-Musterkodex, Deutscher Public Corporate Governance-Musterkodex in der Fassung vom 26. April 2024, https://pcg-musterkodex.de/wp-content/uploads/2024/04/DPCGM_Vierte-Fassung_final.pdf (aufgerufen zuletzt am 28. April 2024).

Feddersen, Dieter, Neue gesetzliche Anforderungen an den Aufsichtsrat, AG 2000, S. 385-396.

Fleischer, Holger, Vertrauen von Aufsichtsratsmitgliedern auf Rechtsrat, AR 2009, S. 86-88.

Fleischer, Holger/Goette, Wulf (Hrsg.), Münchener Kommentar zum GmbHG, Band 2, 4. Auflage, München 2023.

Fleischer, Holger/Goette, Wulf (Hrsg.), Münchener Kommentar zum GmbHG, Band 1, 4. Auflage, München 2022.

Fuchs, Michael, Brauchen wir eine Digitalisierungsquote für den Aufsichtsrat?, AR 2023, S. 122-123.

Gabius, Katja, Das G in ESG: Herausforderungen durch die Nachhaltigkeitsberichterstattung für den Aufsichtsrat, CCZ 2023, S. 51-58.

Ghassemi-Tabar, Nima (Hrsg), Deutscher Corporate Governance Kodex Kommentar, 2. Auflage, München 2023.

Goette, Wulf/Arnold, Michael (Hrsg.), Handbuch Aufsichtsrat, München 2021.

Goette, Wulf/Habersack, Matthias/Kalss, Susanne (Hrsg), Münchener Kommentar zum Aktiengesetz Band 1, 5. Auflage, München 2019.

Goette, Wulf/Habersack, Matthias/Kalss, Susanne (Hrsg), Münchener Kommentar zum Aktiengesetz Band 2, 6. Auflage, München 2023.

Goette, Wulff/Habersack, Matthias/Kalss, Susanne (Hrsg), Münchener Kommentar zum Aktiengesetz Band 3, 5. Auflage, München 2022.

Goette, Wulff/Habersack, Matthias/Kalss, Susanne (Hrsg), Münchener Kommentar zum Aktiengesetz Band 6, 5. Auflage, München 2021.

Gottschalk, Wolf, Strukturen und Organisation von Stadtwerken, in Dietmar Bräunig und Wolf Gottschalk (Hrsg.), Stadtwerke. Grundlagen, Rahmenbedingungen, Führung und Betrieb, S. 53-72, Baden-Baden, 2012.

Gotzen, Hans-Heiner, Mehr Professionalität in die Aufsichtsräte – bedarf es einer Neuregelung des § 113 GO NRW?, VR 2001, S. 163-167.

Graewe, Daniel, ESG-Kompetenzen im Aufsichtsrat: das unentdeckte Land – Wie können Aufsichtsratsmitglieder Kompetenzen im Bereich Nachhaltigkeit erlangen?, AR 2023, S. 34-35.

Hardt, Hans Dieter/Ponschab, Reiner, Neue Rollenerwartungen an Aufsichtsräte und Beiräte, AR 2014, S. 85-87.

Held, Friedrich Wilhelm/Becker, Ernst/Decker, Heinrich/Faber, Markus/Kirchhof, Roland/ Klieve, Martin/Krämer, Franz/Plückhahn, Detlev/Sennewald, Jörg/Wansleben, Rudolf/Winkel, Johannes/Kotzea, Udo/Haßenkamp, Werner/Funke, Stefan/Kaspar/Simone (Hrsg.), Praxis der Kommunalverwaltung, Gemeindeordnung für das Land Nordrhein-Westfalen Kommentar Band 1, 21. Fassung, Wiesbaden 2023.

Helms, Thorsten, Der öffentliche Zweck – Die Rechtfertigung öffentlicher Unternehmen, Tübingen 2022.

Heß, Franziska/Peters, John/Schöneberger, Philipp/Verheyen, Roda, Das Gebot der Berücksichtigung des Klimaschutzes auf Vorhabenebene – de lege lata und de lege ferenda, NVwZ 2023, S. 113-123.

Hirt, Michael, Die Überprüfung einer Strategie durch den Aufsichtsrat, AR 2013, S. 144-146.

Hirte, Heribert/Mülbert, Peter O./Roth, Markus (Hrsg.), Großkommentar Aktiengesetz Band 5, 5. Auflage, Berlin 2016.

Hofmann, Harald/Theisen, Rolf-Dieter/Bätge, Frank, Kommunalrecht in Nordrhein-Westfalen – Fachbuch mit Übungsaufgaben und Lösungen, 19. Auflage, Wiesbaden 2021.

Hölters, Wolfgang/Weber, Markus (Hrsg.), Aktiengesetz Kommentar, 4. Auflage, München 2022.

Holz, Dagmar/Kürten, Nils/Grabolle, Sabine, Die Anstalt öffentlichen Rechts als Organisations- und Kooperationsform, KommJur 2014, S. 281-286.

Hommelhoff, Peter, Die Autarkie des Aufsichtsrats – Besprechung der Entscheidung BGHZ 85, 293 „Hertie", ZGR 1983, S. 551-580.

Hommelhoff, Peter, CSR-Berichterstattung in öffentlichen Unternehmen?, Public Governance – Zeitschrift für öffentliches Management Herbst 2018, S. 19-20.

Institut der Wirtschaftsprüfer, Nachhaltigkeitsberichterstattung öffentlicher Unternehmen: Mittelbare Auswirkungen der Corporate Sustainability Reporting Directive (CSRD), Schreiben an die Finanzministerien der Länder sowie die für Innen und Kommunales zuständigen Ministerien vom 8. September 2022, https://www.idw.de/IDW/Medien/IDW-Schreiben/2022/Down-CSRD-KMU-Oeffentliche-Hand.pdf (aufgerufen zuletzt am 26. April 2024).

Klimke-Stripf, Bettina, Aufsichtsratsarbeit in kommunalen Unternehmen – Eine qualitativ-empirische Analyse zur Rolle des Beteiligungsmanagements, Wiesbaden 2023.

Koch, Jens, Aktiengesetz Kommentar, 17. Auflage, München 2023.

Kremer, Thomas/Bachmann, Gregor/Favoccia, Daniela/v. Werder, Axel, Deutscher Corporate Governance Kodex Kommentar, 9. Auflage, München 2023.

Lebe, Thomas, Rechtliche Vorgaben für die Besetzung der Verwaltungsräte kommunaler Sparkassen. Kommunale Wirtschaftsorganisation im Mehrebenensystem am Beispiel des § 25d KWG, Stuttgart 2021.

Lieder, Jan, Annexkompetenzen der Gesellschafterversammlung, NZG 2015, S. 569-580.

Lieder, Jan/Döhrn, Lennard, Auswirkungen der ESG-Richtlinien auf die Tätigkeit des Aufsichtsrats, AG 2023, S. 722-731.

Ludwig, Doreen, Aufsichtsräte in kommunalen Unternehmen – Leitfaden für die Praxis, Köln 2021.

Lutter, Marcus, Gesetzliche Gebührenordnung für Aufsichtsräte?, AG 1979, S. 85-91.

Lutter, Marcus, Professionalisierung der Aufsichtsräte, NJW 1995, S. 1133-1134.

Lutter, Marcus, Der Aufsichtsrat im Konzern, Ag 2006, S. 517-521.

Lutter, Marcus, Professionalisierung des Aufsichtsrats, DB 2009, S. 775-779.

Lutter, Marcus/Krieger, Gerd/Verse, Dirk A., Rechte und Pflichten des Aufsichtsrats, 7. Auflage, Köln 2020.

Mann, Thomas, Die „Kommunalunternehmen" – Rechtsformalternative im kommunalen Wirtschaftsrecht, NVwZ 1996, S. 557-558.

Mann, Thomas/Schnuch, Franziska, Corporate Social Responsibility öffentlicher Unternehmen, DÖV 2019, S. 417-425.

Mattheus, Daniela, Blickpunkte für Aufsichtsräte 2020, AR 2020, S. 6-8.

Mayen, Thomas, Privatisierung öffentlicher Aufgaben: Rechtliche Grenzen und rechtliche Möglichkeiten, DÖV 2001, S. 110-119.

Meckl, Reinhard/Schmidt, Jessica, Digital Corporate Governance – neue Anforderungen an den Aufsichtsrat?, BB 2019, S. 131-134.

Meier, Norbert, Zweifelsfragen zur Entsendung von Ratsvertretern in den Aufsichtsrat kommunaler Beteiligungsgesellschaften gem. § 113 GO NRW, ZKF 2021, S. 53-56.

Meyer, Thomas, Der unabhängige Finanzexperte im Aufsichtsrat, Baden-Baden 2012.

Müller, Jürgen, Kommunalunternehmensverordnung Nordrhein-Westfalen Kommentar, 7. Auflage, Wiesbaden 2018.

Müller, Lorenz/Assmus, Thomas, Zwischen Pflicht und Kür: Die Vorbildfunktion öffentlicher Unternehmen und das Recht der Nachhaltigkeitsberichterstattung, DÖV 2023, S. 525-534.

Noack, Ulrich/Zetzsche, Dirk, (Hrsg.), Kölner Kommentar zum Aktiengesetz Band 4, 4. Auflage, Köln 2021.

Noack, Ulrich/Zetzsche, Dirk, Die virtuelle Hauptversammlung nach dem COVID-19-Pandemie-Gesetz 2020, AG 2020, S. 265-278.

Nolte, Alexander/Daute, Celine Sophie/Pott, Christiane, Steuerung und Kontrolle öffentlicher Unternehmen – Eine empirische Analyse zur Wirksamkeit von Governance-Kodizes, ZCG 2023, S. 55-61.

Otto, Sven-Joachim/Quick, Alexander, Die Novelle des § 108 a und der neue § 108 b Gemeindeordnung Nordrhein-Westfalen (GO NRW), NWVBl. 2015, S. 171-176.

Pauly, Walter/Beutel, Hannes, Rechtsprobleme der Abwicklung von Freistellungsansprüchen im kommunalen Wirtschaftsrecht, KommJur 2012, S. 446-451.

Pidun, Ulrich/Roos, Alexander/Stange, Sebastian/Wolff, Michael, Was erfolgreiche Aufsichtsräte tatsächlich anders machen, Studie der Boston Consulting Group 2019,https://web-assets.bcg.com/img-src/Was-erfolgreiche-Aufsichtsraete_tcm9-231543.pdf (aufgerufen zuletzt am 26. April 2024).

Plazek-Stier, Michael/Klimke-Stripf, Bettina, Neue Rolle in Krisenzeiten? Der Aufsichtsrat im öffentlichen Unternehmen, Public Governance – Zeitschrift für öffentliches Management Frühjahr 2023, S. 18-20.

Prochazka, Veronika/Martinez, Simone/Maier, Severin, Umbruch, Aufbruch, Durchbruch – Wie die Kommunalwirtschaft die digitale Welt gestaltet, Fraunhofer Institut für Arbeitswirtschaft und Organisation in Zusammenarbeit mit Verband kommunaler Unternehmen e. V. Landesgruppe Baden-Württemberg, 2020, https://publica-rest.fraunhofer.de/server/api/core/bitstreams/eae73559-1c5c-4c8f-9e2d-858d2fa6a47a/content (aufgerufen zuletzt am 26. April 2024).

Ramge, Stefan/Kerst, Andreas, Die Aktualisierung der Grundsätze guter Unternehmens- und aktiver Beteiligungsführung im Bereich des Bundes, Public Governance – Zeitschrift für öffentliches Management Winter 2023/2024, S. 18-19.

Regierungskommission Deutscher Corporate Governance Kodex, Begründung der am 28. April 2022 beschlossenen Änderungen des Deutschen Corporate Govenance Kodex, https://www.dcgk.de/files/dcgk/usercontent/de/download/kodex/220517_Begruendung_DCGK_2022.pdf (aufgerufen zuletzt am 26. April 2024).

Rehn, Erich/Cronauge, Ulrich/von Lennep, Hans Gerd/Knirsch, Hanspeter (Hrsg.), Gemeindeordnung Nordrhein-Westfalen Kommentar, Loseblattsammlung mit 56. Aktualisierung, Siegburg 2023.

Reimer, Franz, Klimaschutz und Verkehr: In welchem Tempo? Zur Unterscheidung von kurz- und mittelfristigen Maßnahmen, ZUR 2023, S. 7-15.

Ruter, Rudolf X., Wie Sie Beirat oder Aufsichtsrat werden. Voraussetzungen – persönlicher Projektplan – Networking, 2. Auflage, Berlin 2021.

Schäfer, Roland/Roreger, Bernd, Kommunale Aufsichtsratsmitglieder – Rechtsstellung kommunaler Vertreter in Aufsichtsräten privater Unternehmen, 2. Auflage, Wiesbaden 2018.

Sarlak, Rafael, Die Reform der nordrhein-westfälischen Gemeindeordnung – Großer Wurf oder verpasste Chance der Digitalisierung?, KommJur 2022, S. 245-249.

Scheffler, Eberhard, Betriebswirtschaftliche Überlegungen zur Entwicklung von Grundsätzen ordnungsgemäßer Überwachung der Geschäftsführung durch den Aufsichtsrat, AG 1995, S. 207-212.

Schellberg, Margret/Kümpel, Franziska, Das Energiewirtschaftsrecht im Jahr 2022, N&R 2023, S. 74-88.

Schilling, Florian, Sie wollen also Aufsichtsrat werden?, AR 2016, S. 138-140.

Schindler, Hendrik/Schaffner, Petra, Virtuelle Beschlussfassung in Kapitalgesellschaften und Vereinen, München 2021

Schmidt-Aßmann, Eberhard, Verwaltungslegitimation als Rechtsbegriff, AöR 1991, S. 329-390.

Schoppen, Willi, Die Wucht des digitalen Wandels nutzen, AR 2019, S. 20-21.

Schoppen, Willi, Unternehmenszukunft sichern und mitgestalten – Der Beitrag des Aufsichtsrats, Düsseldorf 2022.

Schoppen, Willi, Fehlentwicklungen im Unternehmen vorausschauend erkennen und vermeiden, AR 2023, S. 82-84.

Schwintowski, Hans-Peter, Gesellschaftsrechtliche Bindungen für entsandte Aufsichtsratsmitglieder in öffentlichen Unternehmen, NJW 1995, S. 1316-1321.

Semler, Johannes, Die Unternehmensplanung einer Aktiengesellschaft – eine Betrachtung unter rechtlichem Aspekt, ZGR 1983, S. 1-33.

Semler, Johannes, Leitung und Überwachung der Aktiengesellschaft. Die Leitungsaufgabe des Vorstands und die Überwachungsaufgabe des Aufsichtsrats, 2. Auflage, Köln 1996.

Semler, Johannes, Anforderungen an die Befähigung eines Aufsichtsratsmitglieds, in Georg Bitter, Marcus Lutter, Hans-Joachim Priester, Wolfgang Schön und Peter Ulmer (Hrsg.), Festschrift für Karsten Schmidt zum 70. Geburtstag, S. 1489-1506, Köln 2009.

Simons, Cornelius/Kalbfleisch, Florian, Sektorvertrautheit im Aufsichtsrat (§ 100 Abs. 5 Halbs. 2 AktG), AG 2020, S. 526-535.

Spindler, Gerald/Stilz, Eberhard (Hrsg.), Kommentar zum Aktiengesetz, 4. Auflage, München 2019.

Stadt Dortmund, Standards für eine verantwortungsvolle Unternehmensführung – Public Corporate Governance Kodex für die Stadt Dortmund, August 2021, https://rathaus.dortmund.de/dosys/gremrech.nsf/0/7CE9E0753FD9D9F7C125877D002519C0/$FILE/Anlagen_22002-21.pdf (aufgerufen zuletzt am 13. April 2024).

Stadt Duisburg, Public Corporate Governance Kodex – Regeln zur Steigerung der Effizient, Transparenz und Kontrolle bei den Beteiligungsgesellschaften der Stadt Duisburg, Fassung vom 29. Juli 2020, https://www.duisburg.de/vv/produkte/pro_du/dez_i/20/public_corporate_governance_kodex.php.media/104599/PCGK-barrierefrei-Stand-29.07.2020.pdf (aufgerufen zuletzt am 13. April 2024).

Stadt Düsseldorf, Public Corporate Governance Kodex für die Beteiligungen der Landeshauptstadt Düsseldorf – Standards zur Steigerung der Effizienz, Transparenz und Kontrolle bei den kommunalen Beteiligungsgesellschaften in NRW, https://www.duesseldorf.de/fileadmin/Amt20/finanzen/beteiligungsberichte/2010_pdf/allgemein/kodex.pdf (aufgerufen zuletzt am 13. April 2024).

Stadt Essen, Essener Kodex für gute Unternehmensführung, vom Rat der Stadt Essen beschlossen am 27. April 2016, https://media.essen.de/media/wwwessende/aemter/0202/Essener_Kodex_fuer_gute_Unternehmensfuehrung~1.pdf (aufgerufen zuletzt am 13. April 2024).

Stadt Köln, Public Corporate Governance Kodex der Stadt Köln – Standards zur Steigerung der Effizienz, Transparenz und Kontrolle bei kommunalen Beteiligungsgesellschaften der Stadt Köln (Stand: Juni 2020), https://www.stadt-koeln.de/mediaasset/content/pdf-dezernat2/public_corporate_governance_kodex.pdf (aufgerufen zuletzt am 13. April 2024).

Stellner, Florian/Wendeborn, Robert, ESG im Aufsichtsrat – Bürokratie-Monster oder Klimaretter?, AR 2023, S. 154-155.

Theisen, Manuel R., Professionalisierte Aufsichtsräte, AR 2022, S. 24-25.

Theisen, Manuel R./Probst, Arno, Aufsichtsratsarbeit und Digitalisierung, DB 2018, S. 2885-2890.

Trescher, Karl, Aufsichtsratshaftung zwischen Norm und Wirklichkeit, DB 1995, S. 661-665.

Trute, Hans-Heinrich, Die demokratische Legitimation der Verwaltung, in Andreas Voßkuhle, Martin Eifert und Christoph Möllers (Hrsg.), Grundlagen des Verwaltungsrechts Band I, S. 551-654, München 2022.

Tscheuschner, Klaus, Kommunale Unternehmen effizient steuern – Der Public Corporate Governance Kodex im Praxistest, DVP 2018, S. 171-177.

Velte, Patrick/Wehrhahn, Christoph, Kooperation zwischen Aufsichtsrat, Wirtschaftsprüfer und Interner Revision, AR 2024, S. 34-36.

Verband kommunaler Unternehmen e. V., Zahlen Daten Fakten 2023, https://www.vku.de/publikationen/zahlen-daten-fakten-2023/ (aufgerufen zuletzt am 20. Januar 2024).

von Rosty, Nicolas, Besetzungstrends europäischer Aufsichtsgremien – Wo steht Deutschland im Vergleich?, AR 2023, S. 124-125.

von Schenk, Kersten/Wilsing, Hans-Ulrich (Hrsg.), Arbeitshandbuch für Aufsichtsratsmitglieder, 5. Auflage, München 2021.

von Werder, Axel/Bartz, Jenny, Die aktuellen Änderungen des Deutschen Corporate Governance Kodex, DB 2017, S. 769-777.

Weber, Max/Grauer, Thomas/Schmid, Sabine, Regulierung des Finanzsektors – Entwicklungen von Januar bis Mai 2022, WPg 2022, S. 926-934.

Weirauch, Boris, Die gesellschaftsrechtliche Verschwiegenheitsverpflichtung im Aufsichtsrat öffentlicher Unternehmen – Eine unlösbare Pflichtenkollision für kommunale Entscheidungsträger?, DÖV 2024, S. 146-150.

Wolff, Michael, Der Aufsichtsrat als strategisches Beratungsgremium – Warum nicht zu häufig von Kontrollversagen gesprochen werden sollte, in Jan Dörrwächter (Hrsg.), Corporate Governance in Deutschland – Der neue Kodex als Impulsgeber, S. 73-80, Düsseldorf 2020.

Wurzel, Gabriele/Schraml, Alexander/Gaß, Andreas (Hrsg.), Rechtspraxis der kommunalen Unternehmen, 4. Auflage, München 2021.

Zieglmeier, Christian, Kommunale Aufsichtsratsmitglieder, LKV 2005, S. 338-340.

Zieglmeier, Christian, Die Systematik der Haftung von Aufsichtsratsmitgliedern gegenüber der Gesellschaft, ZGR 2007, S. 144-166.

Zöllner, Wolfgang/Noack, Ulrich (Hrsg.), Kölner Kommentar zum Aktiengesetz Band 2/2, 3. Auflage, Köln 2012.

Abkürzungsverzeichnis

Abs.	= Absatz
AG	= Aktiengesellschaft (Rechtsform); Die Aktiengesellschaft, Zeitschrift für deutsches, europäisches und internationales Aktien-, Unternehmens- und Kapitalmarktrecht (Zeitschrift)
AktG	= Aktiengesetz
AöR	= Anstalt öffentlichen Rechts (Rechtsform); Archiv des öffentlichen Rechts (Zeitschrift)
AR	= Aufsichtsrat (Organ); Der Aufsichtsrat – Unabhängige Fachinformationen für Aufsichtsräte, Beiräte und Verwaltungsräte (Zeitschrift)
Art.	= Artikel
BaFin	= Bundesanstalt für Finanzdienstleistungsaufsicht
Bd.	= Band
BB	= Betriebs-Berater (Zeitschrift)
BbgKVerf	= Brandenburgische Kommunalverfassung
BeckOK	= Beck'scher Onlinekommentar
BeckRS	= Beck-Rechtsprechung
BGBl.	= Bundesgesetzblatt
BGH	= Bundesgerichtshof
BGHZ	= Entscheidungen des Bundesgerichtshofs in Zivilsachen
BHO	= Bundeshaushaltsordnung
BMJ	= Bundesministerium der Justiz
BT-Drs.	= Bundestagsdrucksache
Buchst.	= Buchstabe
BVerfGE	= Entscheidungen des Bundesverfassungsgerichts

BVerwG	= Bundesverwaltungsgericht
bzw.	= beziehungsweise
CCZ	= Corporate Compliance Zeitschrift
CSRD	= Corporate Sustainability Reporting Directive
DB	= Der Betrieb (Zeitschrift)
DCGK	= Deutscher Corporate Governance Kodex
d. h.	= das heißt
DNK	= Deutscher Nachhaltigkeitskodex
D-PCGM	= Deutscher Public Corporate Governance-Musterkodex in der Fassung vom 26. April 2024
DÖV	= Die Öffentliche Verwaltung, Zeitschrift für Öffentliches Recht und Verwaltungswissenschaften
DrittelbG	= Gesetz über die Drittelbeteiligung der Arbeitnehmer im Aufsichtsrat
DVP	= Deutsche Verwaltungspraxis, Fachzeitschrift für die öffentliche Verwaltung
EigVO NRW	= Eigenbetriebsverordnung für das Land Nordrhein-Westfalen
EL	= Ergänzungslieferung
Empf.	= Empfehlung
Erl.	= Erläuterung
ESG	= Environmental, Social, Governance
EU	= Europäische Union
e. V.	= eingetragener Verein
f./ff.	= folgende
Fn.	= Fußnote
FS	= Festschrift
GemHH	= Der Gemeindehaushalt (Zeitschrift)

GG	= Grundgesetz
ggf.	= gegebenenfalls
GmbH	= Gesellschaft mit beschränkter Haftung
GmbHG	= Gesetz betreffend die Gesellschaften mit beschränkter Haftung
GO	= Gemeindeordnung
Grds.	= Grundsatz
Großkomm	= Großkommentar
GV. NRW.	= Gesetz- und Verordnungsblatt Nordrhein-Westfalen
GWR	= Gesellschafts- und Wirtschaftsrecht (Zeitschrift)
HdB	= Handbuch
HGB	= Handelsgesetzbuch
HGB-E	= HGB-Entwurf
Hs.	= Halbsatz
IDW	= Institut der Wirtschaftsprüfer
i. S. d.	= im Sinne des
KABG	= Kapitalanlagegesetzbuch
Kap.	= Kapitel
KG	= Kommanditgesellschaft
KommJur	= Kommunaljurist
KommunalR	= Kommunalrecht
KommUntern	= Kommunale Unternehmen
KonTraG	= Gesetz zur Kontrolle und Transparenz im Unternehmensbereich
KSG	= Bundes-Klimaschutzgesetz
KSG NRW	= Gesetz zur Neufassung des Klimaschutzgesetzes Nordrhein-Westfalen

KUV	= Kommunalunternehmensverordnung
KVG LSA	= Kommunalverfassungsgesetz des Landes Sachsen-Anhalt
KWG	= Kreditwesengesetz
LKV	= Landes- und Kommunalverwaltung (Zeitschrift)
lt.	= laut
LT-Drs.	= Landtagsdrucksache
MitbestG	= Gesetz über die Mitbestimmung der Arbeitnehmer
ModernG NRW	= Gesetz zur Modernisierung von Regierung und Verwaltung in Nordrhein-Westfalen
MüKo	= Münchener Kommentar
m. w. N.	= mit weiteren Nachweisen
N&R	= Netzwirtschaft und Recht (Zeitschrift)
NJW	= Neue Juristische Wochenschrift
Nr.	= Nummer
NRW	= Nordrhein-Westfalen
NVwZ	= Neue Zeitschrift für Verwaltungsrecht
NWVBl.	= Nordrhein-Westfälische Verwaltungsblätter
NZG	= Neue Zeitschrift für Gesellschaftsrecht
o. ä.	= oder ähnlich
o. g.	= oben genannte
OLG	= Oberlandesgericht
OVG	= Oberverwaltungsgericht
PCGK	= Public Corporate Governance Kodex
PdK	= Praxis der Kommunalverwaltung
Rn.	= Randnummer
S.	= Satz

SächsGemO	= Sächsische Gemeindeordnung
SAn	= Sachsen-Anhalt
SGB X	= Zehntes Buch Sozialgesetzbuch
sog.	= sogenannte
SpkG NRW	= Sparkassengesetz Nordrhein-Westfalen
u. a.	= unter anderem
VerfGH	= Verfassungsgerichtshof
VerwRspr	= Verwaltungsrechtsprechung (Zeitschrift)
VG	= Verwaltungsgericht
vgl.	= vergleiche
Vor.	= Vorbemerkung
VR	= Verwaltungsrundschau, Zeitschrift für Verwaltung in Praxis und Wissenschaft
Wpg	= Die Wirtschaftsprüfung (Zeitschrift)
z. B.	= zum Beispiel
ZCG	= Zeitschrift für Corporate Governance
ZGR	= Zeitschrift für Unternehmens- und Gesellschaftsrecht
Ziff.	= Ziffer
ZIP	= Zeitschrift für Wirtschaftsrecht
ZKF	= Zeitschrift für Kommunalfinanzen
ZUR	= Zeitschrift für Umweltrecht

A. Einleitung

Kommunale Unternehmen dienen als zentrales Instrument bei der Erfüllung der vielfältigen Aufgaben von Kommunen[1] und tragen wesentlich zur Erfüllung der Grundbedürfnisse der Bevölkerung bei[2]. Die rund 1.500 Mitgliedsunternehmen des Verbands kommunaler Unternehmen decken in Deutschland u. a. einen Anteil von 66,5 % an der Versorgung mit Strom, von 59,7 % mit Gas, von 88,0 % mit Wärme und von 88,6 % mit Wasser ab.[3] Darüber hinaus zeigt sich insgesamt ein sehr breites Spektrum potentieller Tätigkeitsbereiche für kommunale Unternehmen, das von der Versorgung mit Energie und Wasser über den Personenverkehr, die Abfallentsorgung sowie Kultur- und Freizeitangebote bis hin zu Beratungs- und Servicedienstleistungen reicht.[4] Mithin sind kommunale Unternehmen für die wirtschaftliche Betätigung der Kommunen von besonderer Relevanz und wesentlicher Bestandteil der kommunalen Selbstverwaltung.[5] Nicht zuletzt tragen sie regelmäßig auch zur Finanzierung der Kommunalhaushalte bei.[6]

Die schon jetzt weitreichende Bedeutung kommunaler Unternehmen könnte kurz- bis mittelfristig insbesondere in den Bereichen

---

1 Der Begriff „Kommune" wird aus Vereinfachungsgründen nachfolgend als Sammelbegriff für Gemeinden, Städte und Kreise verwendet. Hinsichtlich der Vertretungsorgane dieser Körperschaften dient der Begriff „Kommunalvertretung" als Sammelbegriff für den Gemeinderat, den Stadtrat und den Kreistag.

2 *Theisen* in Hofmann/Theisen/Bätge, Kommunalrecht in Nordrhein-Westfalen, S. 627 m. w. N.

3 Bezogen auf die Jahre 2019 (Wasser) bzw. 2021, *Verband kommunaler Unternehmen e. V.*, Zahlen Daten Fakten 2023, S. 4.

4 *Cronauge*, Kommunale Unternehmen, Rn. 1.

5 *Wellmann* in Rehn/Cronauge/von Lennep/Knirsch, Gemeindeordnung NRW, 53. EL 2021, § 107 Rn. 2.

6 *Henneke* in Wurzel/Schraml/Gaß, Rechtspraxis KommUntern, Kap. A Rn. 7 ff.; *Cronauge*, Kommunale Unternehmen, Rn. 393.

Energie und Verkehr weiter zunehmen: Zur Bewältigung der Herausforderungen des Klimawandels können (und müssen) kommunale Unternehmen nicht nur einen wesentlichen Beitrag leisten, womit für sie durchaus Chancen verbunden sind. Für die Unternehmen entsteht in diesem Zusammenhang vielmehr auch ein mit Risiken verbundener, sehr grundlegender Anpassungs- und Transformationsdruck.[7] Diese Risiken gesellen sich zu den in den letzten Jahren ohnehin erschwerten Rahmenbedingungen für die wirtschaftliche Betätigung von Kommunen und einem verstärkten Wettbewerb mit der Privatwirtschaft um Marktanteile[8], insbesondere in Folge des Wegfalls früherer Monopole[9]. Vor diesem Hintergrund bedürfen die kommunalen Unternehmen – vielleicht mehr denn je – einer besonderen Aufmerksamkeit ihrer Trägerkommunen.

Entscheidet sich eine Kommune dafür, eine wirtschaftliche Betätigung nicht im Rahmen der unmittelbaren Kommunalverwaltung auszuüben, steht es ihr im Rahmen der aus dem Selbstverwaltungsrecht abgeleiteten Organisationshoheit frei, eine aus Ihrer Sicht geeignete (und zulässige) Rechtsform für ein kommunales Unternehmen zu wählen.[10] Je nach gewählter Rechtsform wird dabei ein gewisser Grad an (erwünschter) rechtlicher und organisatorischer Verselbständigung des kommunalen Unternehmens erreicht. Folge dieser Verselbständigung ist allerdings zwangsläufig eine (mitunter nicht unerhebliche) Reduzierung der unmittelbaren Kontroll- und Steuerungsmöglichkeiten der Kommune im

7 *Bätge*, KommJur 2020, S. 321 (321 f.); *Cronauge*, Kommunale Unternehmen, Rn. 63 ff.

8 *Theisen* in Hofmann/Theisen/Bätge, Kommunalrecht in Nordrhein-Westfalen, S. 629; *Cronauge*, Kommunale Unternehmen, Rn. 71.

9 *Kaster* in BeckOK KommunalR NRW, GO NRW § 107 Rn. 2.

10 *Theisen* in Hofmann/Theisen/Bätge, Kommunalrecht in Nordrhein-Westfalen, S. 637 f.

Vergleich zur Kernverwaltung.[11] Der verbleibende Einfluss wird maßgeblich über die Organe der verselbständigten öffentlich-rechtlichen oder privatrechtlichen Unternehmen ausgeübt, insbesondere über ihre Aufsichts- bzw. Verwaltungsräte, in die die Kommunalvertretung ihre Vertreterinnen und Vertreter[12] bestellt oder entsendet.[13] Ihnen kommt daher eine entscheidende Rolle bei der Kontrolle und Steuerung kommunaler Unternehmen zu.

Krisen wie die Covid 19-Pandemie oder die durch den russischen Angriffskrieg verursachte Energiekrise treffen auch und zum Teil in besonderem Maße kommunale Unternehmen und stellen deren Aufsichts- und Verwaltungsräte zusätzlich zu den ohnehin komplexen Rahmenbedingungen vor besondere Herausforderungen.[14] Das Risiko von Fehlentwicklungen ist in Krisenzeiten ungleich höher. Kommt es in einem Unternehmen zu einer Schieflage, oder werden größere Verfehlungen eines Unternehmens bekannt, ist es – unabhängig davon, ob es sich um ein kommunales oder ein privatwirtschaftliches Unternehmen handelt – häufig auch der Aufsichts- bzw. der Verwaltungsrat, der in die Kritik gerät und dem u. a. mangelnde Qualifikation oder eine nicht sachgerechte Wahrnehmung seiner Aufgaben vorgeworfen werden.[15] Ungeachtet der

---

11 *Cronauge*, Kommunale Unternehmen, Rn. 136.

12 Aus Gründen der Lesbarkeit wird nachfolgend der Begriff „Vertreter“ verwendet. Es sind damit stets alle Geschlechter gemeint. Soweit in der vorliegenden Arbeit darüber hinaus das generische Maskulinum verwendet wird, geschieht dies ebenfalls aus Gründen der Lesbarkeit oder mangels sachlich zutreffender geschlechtsneutraler Alternativen. Es sind auch insoweit stets alle Geschlechter gemeint.

13 *Schäfer/Roreger*, Kommunale Aufsichtsratsmitglieder, S. 27 f.; *Bätge*, Arbeit in Aufsichts- und Verwaltungsräten, S. 9.

14 *Plazek-Stier/Klimke-Stripf*, Public Governance, Frühjahr 2023, S. 18 (18).

15 *Theisen* in Hofmann/Theisen/Bätge, Kommunalrecht in Nordrhein-Westfalen, S. 669; *v. Schenk* in Semler/v. Schenk/Wilsing AR-HdB § 6 Rn. 3; *Gotzen*, VR 2001, S. 163 (163); *Semler* in FS K. Schmidt, 2009, S. 1489 (1497).

Frage, ob diese Kritik im Einzelfall berechtigt ist, hängt die sachgerechte Aufgabenwahrnehmung von Aufsichts- und Verwaltungsräten neben ihrem Arbeitseinsatz und ihrer Unabhängigkeit in der Tat entscheidend von der Qualifikation ihrer Mitglieder ab.[16]

Im Gesellschaftsrecht wird daher bereits seit vielen Jahren eine Debatte über die Professionalisierung von Aufsichtsräten geführt.[17] Diese Debatte mündete u. a. im KonTraG[18], durch das sich sowohl die Anforderungen an die Tätigkeit und die Qualifikation von Aufsichtsratsmitgliedern als auch deren Haftungsrisiken spürbar erhöht haben.[19] Das in früheren Zeiten mitunter vorhandene Verständnis der Aufsichtsratstätigkeit als Ehrenamt[20] ist folglich – wenn es denn überhaupt jemals zutreffend war – deutlich überholt.[21]

Auch die Vertreter in Aufsichts- und Verwaltungsräten kommunaler Unternehmen sehen sich im Zuge dieser Entwicklung einer größeren Verantwortung und gestiegenen Anforderungen

16 *Habersack* in MüKo AktG § 100 Rn. 10; *Arbeitskreis Recht des Aufsichtsrats*, NZG 2021, S. 477 (479); *Tscheuschner*, DVP 2018, S. 171 (174).

17 *Lutter*, NJW 1995, S. 1133 (1133); *Scheffler*, AG 1995, S. 207 (209 ff.); *Dreher* in FS Hoffmann-Becking, 2013, S. 313 (313).

18 Gesetz zur Kontrolle und Transparenz im Unternehmensbereich vom 27. April 1998, BGBl. I 1998, S. 786; Einzelheiten zu den gesetzlichen Änderungen bei *Feddersen*, AG 2000, S. 385 (386 ff.); *Lutter*, DB 2009, S. 775 (775).

19 *Habersack* in MüKo AktG § 100 Rn. 10; *v. Schenk* in Semler/v. Schenk/Wilsing AR-HdB § 6 Rn. 2; *Dörrwächter* in Dörrwächter, Corporate Governance, S. 63 (67).

20 *Lutter*, NJW 1995, S. 1133 (1133).

21 *v.* Schenk in Semler/v. Schenk/Wilsing AR-HdB § 1 Rn 13. Gleichwohl ist die Debatte um weitere Schritte zur Professionalisierung der Aufsichtsratstätigkeit nicht beendet, sondern hält unvermindert an, *Habersack* in MüKo AktG § 100 Rn. 11; *Arbeitskreis Recht des Aufsichtsrats*, NZG 2021, S. 477 (477 ff.); *Theisen*, AR 2022, S. 24 (24 f.).

ausgesetzt.[22] Handelt es sich um ein kommunales Unternehmen in Privatrechtsform, kommt für sie erschwerend hinzu, dass sie sich im Zuge ihrer Aufgabenwahrnehmung in einem Spannungsfeld zwischen dem bundegesetzlich geregelten Gesellschaftsrecht und dem landesgesetzlich verfassten Kommunalrecht bewegen.[23] Dabei hat das Kommunalrecht lange Zeit jedoch keine (eigenen) fachlichen oder persönlichen Anforderungen an die Tätigkeit in Aufsichts- und Verwaltungsräten kommunaler Unternehmen formuliert[24], die zur Sicherstellung einer sachgerechten Aufgabenwahrnehmung beigetragen hätten. Dies hat sowohl zu vereinzelten Defiziten in der Praxis geführt[25] als auch den Bestrebungen des Gesellschaftsrechts nach Professionalisierung der Aufsichtsratstätigkeit entgegenstanden, sodass vereinzelt entsprechende Änderungen oder Ergänzungen des Kommunalrechts gefordert wurden.[26]

Zwar waren Kommunen auch ohne eine diesbezügliche kommunalrechtliche Regelung angesichts der inhaltlichen Anforderungen an die Tätigkeit in Aufsichts- und Verwaltungsräten stets gut beraten, diese mit qualifizierten Personen zu besetzen.[27] Nicht zuletzt die Entwicklung des Gesellschaftsrechts hin zu einer stärkeren Professionalisierung der Aufsichtsratstätigkeit wird den nordrhein-westfälischen Gesetzgeber jedoch schließlich dazu ver-

---

22 *Bätge*, Arbeit in Aufsichts- und Verwaltungsräten, S. 10.

23 *Pauly/Beutel*, KommJur 2012, S. 446 (448); *Bätge*, Arbeit in Aufsichts- und Verwaltungsräten, S. 11, 23; *Theisen* in Hofmann/Theisen/Bätge, Kommunalrecht in Nordrhein-Westfalen, S. 629.

24 *Held/Kotzea* in PdK NRW Bd. 1, § 113 Erl. 5.1; *Gotzen*, VR 2001, S. 163 (164); je nach Rechtsform konnten sich solche Anforderungen lediglich aus dem Gesellschaftsrecht ergeben, *Theisen* in Hofmann/Theisen/Bätge, Kommunalrecht in Nordrhein-Westfalen, S. 669.

25 *Tscheuschner*, DVP 2018, S. 171 (174 f.).

26 *Gotzen*, VR 2001, S. 163 (163 ff.).

27 *Theisen* in Hofmann/Theisen/Bätge, Kommunalrecht in Nordrhein-Westfalen, S. 669.

anlasst haben[28], im Jahr 2022 die Gemeindeordnung für das Land Nordrhein-Westfalen um eine ausdrückliche Regelung zur betriebswirtschaftlichen Erfahrung und Sachkunde von Vertretern der Kommunen u. a. in Aufsichts- und Verwaltungsräten kommunaler Unternehmen zu ergänzen. Der neu eingeführte[29] § 113 Abs. 6 S. 1 GO NRW sieht demnach vor, dass „die Vertreterinnen und Vertreter der Gemeinde [...] über die zur Wahrnehmung des Vertretungsamtes sowie die zur Beurteilung und Überwachung der Geschäfte, die das Unternehmen oder die Einrichtung betreibt, erforderliche betriebswirtschaftliche Erfahrung und Sachkunde zu verfügen" haben.[30]

Die Gesetzesbegründung zu § 113 Abs. 6 GO NRW erweckt dabei den Eindruck, durch die Einführung der Vorschrift habe sich keine wesentliche inhaltliche Änderung der Rechtslage ergeben. Vielmehr konkretisiere die Vorschrift lediglich ohnehin bestehende gesellschaftsrechtliche Anforderungen. Bereits vor der Einführung sei demnach „die Beachtung ungeschriebener, gesetzlich nicht ausdrücklich normierter Anforderungen an die Vertreterin bzw.

---

28 So erwähnt die Stellungnahme des Parlamentarischen Beratungs- und Gutachterdienstes des Landtags Nordrhein-Westfalen zur Regelungskompetenz des Landes Nordrhein-Westfalen hinsichtlich eines Sachkundenachweises für Gremiumsmitglieder kommunaler Unternehmen zunehmende Komplexität der Beratungsgegenstände und steigende Anforderungen an Gremienmitglieder, Landtag Nordrhein-Westfalen, Information 17/363, S. 4.

29 Eingeführt durch das Gesetz zur Einführung digitaler Sitzungen für kommunale Gremien und zur Änderung kommunalrechtlicher Vorschriften vom 13. April 2022, in Kraft getreten am 26. April 2022, GV. NRW. 2022, S. 489.

30 Neben Nordrhein-Westfalen sieht auch das Kommunalrecht der Länder Brandenburg (§ 97 Abs. 4 S. 1 BbgKVerf), Sachsen (§ 98 Abs. 2 S. 4 SächsGemO) und Sachsen-Anhalt (§ 131 Abs. 1 S. 3 KVG LSA) Regelungen zur Erfahrung und Sachkunde von Vertretern der Kommune in Überwachungsorgangen kommunaler Unternehmen vor. In Anhang 1 findet sich eine Synopse zu diesen Regelungen.

den Vertreter einer Kommune" erforderlich gewesen, sodass nur solche Personen hätten benannt werden dürfen, die über die erforderliche Eignung verfügten.[31] Bezug genommen wird dabei auf die sog. „Hertie"-Entscheidung des BGH vom 15. November 1982, nach der „ein Aufsichtsratsmitglied diejenigen Mindestkenntnisse und -fähigkeiten besitzen oder sich aneignen muss, die es braucht, um alle normalerweise anfallenden Geschäftsvorgänge auch ohne fremde Hilfe verstehen und sachgerecht beurteilen zu können.".[32] An diesem Urteil orientiert sich auch heute noch die gesellschaftsrechtliche Literatur im Zusammenhang mit den erforderlichen Mindestkenntnissen von Aufsichtsräten.[33] Dabei sind nach herrschender Meinung aus der „Hertie"-Entscheidung nicht nur von jedem einzelnen Aufsichtsratsmitglied zu fordernde Mindestkenntnisse abzuleiten. Vielmehr muss der Aufsichtsrat auch in seiner Gesamtheit in der Lage sein, die ihm obliegende Überwachungstätigkeit sachgerecht auszuüben. Dem folgend müssen nicht nur sämtliche Mitglieder die Anforderungen an gewisse Mindestkenntnisse erfüllen, sondern zusätzlich ist im Gesamtorgan über die Anforderungen an die Mindestkenntnisse der einzelnen Mitglieder[34]

---

31 Landtag Nordrhein-Westfalen, LT-Drs. 17/16929, S. 3.

32 BGH, NJW 1983, S. 991 (991).

33 *Habersack* in MükoAktG § 116 Rn. 24; *Hopt/Roth* in Großkomm AktG § 116 Rn. 37; *Cahn/Mertens* in Kölner Kommentar AktG § 116 Rn. 7; *Wilsing/Winkler* in Semler/v. Schenk/Wilsing AR-HdB § 2 Rn. 33; *Roßkopf* in Goette/Arnold AR-HdB § 2 Rn. 61; *Semler* in FS K. Schmidt, 2009, S. 1489 (1491).

34 Soweit sich nachfolgend Aussagen nicht allein auf Vertreter der Kommunen in Aufsichts- und Verwaltungsräten, sondern – insbesondere im Zusammenhang mit gesellschaftsrechtlichen Regelungen – grundsätzlich auf alle Mitglieder in Aufsichts- und Verwaltungsräten beziehen, wird auch der Begriff „Mitglied" verwendet.

hinausgehende Erfahrung und Sachkunde[35] erforderlich.[36] Ob nunmehr auch § 113 Abs. 6 S. 1 GO NRW auf kommunalrechtlicher Ebene Anforderungen an die Erfahrung und Sachkunde sowohl des einzelnen Vertreters als auch darüber hinausgehende Anforderungen an die Erfahrung und Sachkunde des Gesamtorgans stellt, lässt sich weder dem Gesetzeswortlaut noch der Gesetzesbegründung eindeutig entnehmen.

Ferner führt die Gesetzesbegründung aus, neben der Gewährleistung einer sachgerechten Aufgabenwahrnehmung der kommunalen Vertreter sei deren Schutz „vor Schadenersatzansprüchen wegen grober Fahrlässigkeit" Ziel des § 113 Abs. 6 S. 1 GO NRW.[37] Dabei handelt es sich um ein Risiko, das kommunale Vertreter in der Tat häufig unterschätzen.[38] Es drängt sich jedoch die Frage auf, inwieweit eine reine Konkretisierung bereits bestehender Anforderungen – angenommen dies sei zutreffend – geeignet und erforderlich sein kann, um einen solchen Schutz herzustellen.

---

35 Mit den Begriffen „Erfahrung" und „Sachkunde" wird in der vorliegenden Arbeit weitgehend der Formulierung in § 113 Abs. 6 GO NRW gefolgt. Die Gesetzesbegründung geht nicht näher auf diese Begriffe ein, verwendet vielmehr an einer Stelle abweichend „Kenntnisse, Fähigkeiten und fachliche[n] Erfahrungen", Landtag Nordrhein-Westfalen, LT-Drs. 17/16929, S. 4. Die in dieser Arbeit mitunter ebenfalls verwendeten Begriffe „Kenntnisse" und „Fähigkeiten" können demnach in Abgrenzung zu „Erfahrung" i. S. d. Gesetzesbegründung der „Sachkunde" zugeordnet werden. Erfahrung wird nachfolgend als Wissenserwerb durch praktisch ausgeübte Tätigkeit verstanden, während Sachkunde (bzw. Kenntnisse und Fähigkeiten) auch ausschließlich theoretisch erworben werden kann.

36 *Hopt/Roth* in Großkomm AktG § 116 Rn. 35; *Roßkopf* in Goette/Arnold AR-HdB § 2 Rn. 63; *Wilsing/Winkler* in Semler/v. Schenk/Wilsing AR-HdB § 2 Rn. 33.

37 Landtag Nordrhein-Westfalen, LT-Drs. 17/16929, S. 3 f.

38 *Zieglmeier*, ZGR 2007, S. 144 (145).

Soweit die Literatur sich bereits zum neu eingeführten § 113 Abs. 6 S. 1 GO NRW geäußert hat, werden bisher weder der rein konkretisierende Charakter der Vorschrift noch deren Schutzwirkung in Bezug auf etwaige Schadenersatzansprüche kritisch hinterfragt.[39] Gleichwohl zeigen schon die beiden vorstehend aufgeworfenen Fragen, dass es einer eingehenden Betrachtung des § 113 Abs. 6 S. 1 GO NRW bedarf. Dies gilt insbesondere angesichts der Bedeutung der Vorschrift sowohl für die Kommunen als auch für ihre Vertreter in Aufsichts- und Verwaltungsräten kommunaler Unternehmen. Beide Seiten benötigen ein exaktes Verständnis darüber, welche Anforderungen an die Erfahrung und Sachkunde im Einzelnen von der Vorschrift gestellt werden und wie deren Einhaltung sicherzustellen ist. Auch etwaige Auswirkungen auf Haftungsrisiken betreffen nicht nur die Vertreter selbst, sondern angesichts einer möglichen Pflicht zum Ersatz von Schadenersatzansprüchen nach § 113 Abs. 7 GO NRW auch die Kommunen. Schließlich besteht auch ein nicht zu unterschätzendes Reputationsrisiko für alle Beteiligten – also Kommune, Vertreter und Unternehmen –, sofern mangelnde Erfahrung und Sachkunde des Aufsichts- bzw. Verwaltungsrats zu Fehlentwicklungen führt.

Die vorliegende Arbeit untersucht daher in Teil C. eingehend die Vorschrift des § 113 Abs. 6 S. 1 GO NRW und geht dabei insbesondere den Fragen nach, ob es sich bei der Vorschrift im Ergebnis lediglich um eine Konkretisierung bereits zuvor bestehender Anforderungen handelt, ob Anforderungen an die Erfahrung und Sachkunde sowohl des einzelnen Vertreters als auch des Gesamtorgans gestellt werden und ob ein zusätzlicher Schutz vor Haftungsrisiken hergestellt wird.

---

39 *Sarlak,* KommJur 2022, S. 245 (246); *Wellmann* in Rehn/Cronauge/von Lennep/Knirsch, Gemeindeordnung NRW, 55. EL 2022, § 113 Rn. 77; Kaster in BeckOK KommunalR NRW, GO NRW § 113 Rn. 30a ff.

Dabei wird sich zeigen – so viel sei bereits vorweggenommen –, dass im Rahmen des § 113 Abs. 6 S. 1 GO NRW, gleichsam wie im Gesellschaftsrecht, neben den Anforderungen an die Erfahrung und Sachkunde des einzelnen Vertreters in Form von Mindestkenntnissen auch Anforderungen an die Erfahrung und Sachkunde des Gesamtorgans zu stellen sind. Zu definieren, welche Erfahrung und Sachkunde im Gesamtorgan erforderlich ist, ist jedoch ohne Zweifel herausfordernd[40], zumal sie von Art und Größe des konkreten Unternehmens abhängt[41]. Das Gesellschaftsrecht macht insoweit – mit wenigen Ausnahmen – keinerlei Vorgaben.[42] Auch die Gesetzesbegründung zu § 113 Abs. 6 S. 1 GO NRW weist darauf hin, dass die Begriffe der erforderlichen Erfahrung und Sachkunde allgemein gehalten seien, um unterschiedlichen Konstellationen gerecht zu werden.[43] Umso wichtiger ist es vor diesem Hintergrund für eine anforderungsgerechte Besetzung von Aufsichts- und Verwaltungsräten kommunaler Unternehmen, die im konkreten Einzelfall erforderliche Erfahrung und Sachkunde des Gesamtorgans, trotz aller Herausforderungen, zu bestimmen.

In der Privatwirtschaft ist es in diesem Zusammenhang bereits üblich[44], ein Kompetenz- oder Anforderungsprofil zu erstellen, dass die unterschiedliche, im Gesamtorgan erforderliche Erfahrung und Sachkunde von Aufsichtsräten festlegt.[45] Dagegen werden

---

40 *Gotzen*, VR 2001, S. 163 (166).

41 *Habersack* in MükoAktG § 116 Rn. 24; *Cahn/Mertens* in Kölner Kommentar AktG § 116 Rn. 7.

42 *Wilsing/Winkler* in Semler/v. Schenk/Wilsing AR-HdB § 2 Rn 39; *Schoppen,* Unternehmenszukunft, S. 46.

43 Landtag Nordrhein-Westfalen, LT-Drs. 17/16929, S. 4.

44 *Schoppen,* Unternehmenszukunft, S. 52 f.; *Ludwig*, Aufsichtsräte in kommunalen Unternehmen, Rn. 231.

45 Eine entsprechende Empfehlung gibt auch der DCGK in Empfehlung C.1; zudem *Roßkopf* in Goette/Arnold AR-HdB § 2 Rn. 62; *Wilsing/Winkler* in Semler/v. Schenk/Wilsing AR-HdB § 2 Rn. 39; *Dreher* in FS Hoffmann-Becking, 2013, S. 313 (317 f.); *Gotzen*, VR 2001, S. 163 (166).

Mandate in Aufsichts- und Verwaltungsräten kommunaler Unternehmen bisher regelmäßig nicht zuvorderst nach Erfahrung und Sachkunde vergeben[46] und folglich auch kein Anforderungsprofil mit dem Ziel einer Komplementarität und Vollständigkeit der im Gesamtorgan vorhandenen Erfahrung und Sachkunde erstellt. Für eine anforderungsgerechte Besetzung erscheint dies jedoch unabdingbar. In Teil D. werden daher Bereiche identifiziert, in denen Erfahrung und Sachkunde regelmäßig für eine sachgerechte Aufgabenwahrnehmung von Aufsichts- und Verwaltungsräten (insbesondere großer) kommunaler Unternehmen erforderlich sein dürfte. Die identifizierten Bereiche können der Praxis als Orientierung für die Entwicklung konkreter Anforderungsprofile im Einzelfall dienen, anhand derer eine den Anforderungen des § 113 Abs. 6 S. 1 GO NRW sowie des Gesellschaftsrechts entsprechende Besetzung von Aufsichts- und Verwaltungsräten kommunaler Unternehmen ermöglicht wird.

Die Erstellung eines Anforderungsprofils schafft gleichwohl lediglich die Voraussetzung für eine anforderungsgerechte Besetzung von Aufsichts- und Verwaltungsräten kommunaler Unternehmen. Ihr muss in der Praxis auch ein Besetzungsprozess folgen, der grundsätzlich geeignet ist, eine Besetzung möglichst entsprechend des erstellten Anforderungsprofils zu erreichen. Teil E. der vorliegenden Arbeit wirft daher einen Blick auf die Praxis der Besetzung von Aufsichts- und Verwaltungsräten kommunaler Unternehmen, zu der unlängst eine umfassende qualitativ-empirische Analyse veröffentlicht wurde.[47] Die Ergebnisse dieser Analyse werden hinsichtlich der Frage beurteilt, ob die aktuelle Besetzungspraxis eine anforderungsgerechte Besetzung von Aufsichts- und Verwaltungsräten kommunaler Unternehmen ermöglicht. Soweit dies nicht der

46 *Kaster* in BeckOK KommunalR NRW, GO NRW § 113 Rn. 30a; *Tscheuschner*, DVP 2018, S. 171 (174 f.).

47 *Klimke-Stripf*, Aufsichtsratsarbeit in kommunalen Unternehmen.

Fall ist, werden anschließend einige Maßnahmen für eine anforderungsgerechtere Besetzung vorgeschlagen.

Teil F. fasst schließlich die wesentlichen in den einzelnen Teilen gewonnenen Erkenntnisse zusammen und ergänzt diese um einen Ausblick. In Teil B. werden allerdings zunächst die Rahmenbedingungen für Vertreter in Aufsichts- und Verwaltungsräten kommunaler Unternehmen veranschaulicht, um eine Grundlage für die Beantwortung der aufgeworfenen Fragestellungen und die weiteren Überlegungen herzustellen.[48]

48 Hinsichtlich der kommunalrechtlichen Regelungen wird in der vorliegenden Arbeit – soweit nicht anders angegeben – jeweils auf die Gemeindeordnung für das Land Nordrhein-Westfalen abgestellt. Die grundlegenden Prinzipien sind jedoch vergleichbar zu anderen Bundesländern und deren kommunalrechtlichen Regelungen.

B. Rahmenbedingungen für Aufsichts- und Verwaltungsräte kommunaler Unternehmen

Kommunale Unternehmen sind Teil der wirtschaftlichen Betätigung von Kommunen. Sie unterliegen somit insbesondere und stets dem landesgesetzlichen Gemeindewirtschaftsrecht, das in Nordrhein-Westfalen im 11. Teil „Wirtschaftliche Betätigung und Nichtwirtschaftliche Betätigung" der Gemeindeordnung NRW geregelt ist.[49] Werden kommunale Unternehmen in privatrechtlichen Rechtsformen betrieben, gilt zudem das bundesgesetzliche Gesellschaftsrecht, das dem Landesrecht gem. Art. 31 GG vorgeht, soweit einzelne Vorschriften miteinander in Konflikt stehen.[50] Jedoch nimmt das Landesrecht – wie sich zeigen wird – auf möglicherweise entgegenstehende bundesrechtliche Regelungen bereits an einigen Stellen Rücksicht und bewegt sich weitgehend innerhalb des Rahmens, den das Gesellschaftsrecht setzt.

Nachfolgend werden nach einer Definition des Begriffs „kommunale Unternehmen" (B. I.) zunächst die in den §§ 107 und 107a GO NRW geregelten Voraussetzungen für die wirtschaftliche Betätigung von Kommunen in ihren Grundzügen skizziert. Die Ausführungen zu den weiteren kommunalrechtlichen Vorgaben der §§ 108 ff. GO NRW für kommunale Unternehmen fokussieren sich

---

49 Auf die europa- und verfassungsrechtlichen Rahmenbedingungen wird nachfolgend aufgrund mangelnder unmittelbarer Relevanz für die behandelten Fragestellungen nicht im Einzelnen eingegangen; Einzelheiten hierzu bei: *Wollenschläger* in Wurzel/Schraml/Gaß, Rechtspraxis KommUntern, Kap. B; *Held/Kotzea* in PdK NRW Bd. 1, Vor. §§ 107 bis 115 Erl. 1 f.; *Cronauge*, Kommunale Unternehmen, Rn. 80 ff.

50 *Theisen* in Hofmann/Theisen/Bätge, Kommunalrecht in Nordrhein-Westfalen, S. 629; *Bätge*, Arbeit in Aufsichts- und Verwaltungsräten, S. 11.

im Wesentlichen auf die Regelungen, die der Sicherstellung des kommunalen Einflusses insbesondere über die Aufsichts- und Verwaltungsräte dienen, oder deren Besetzung betreffen (B. II.). Um die Aufgabe der Aufsichts- und Verwaltungsräte, deren Position im Kompetenzgefüge kommunaler Unternehmen sowie die Bedeutung ihrer Erfahrung und Sachkunde einzuordnen, werden schließlich mit der Anstalt öffentlichen Rechts, der Aktiengesellschaft und der Gesellschaft mit beschränkter Haftung drei für die Praxis besonders relevante Rechtsformen und die Kompetenzen ihrer Organe betrachtet (B. III.).

B. I. Begriff des kommunalen Unternehmens

Nach Cronauge lässt sich ein kommunales Unternehmen als „eine aus der unmittelbaren Kommunalverwaltung ausgegliederte, verselbständigte Verwaltungseinheit von gewisser organisatorischer Festigkeit und Dauer zur Erfüllung einzelner bestimmter öffentlicher Aufgaben und Zwecke definieren".[51] Wesentliche Merkmale seien dabei sowohl eine inhaltliche und organisatorische Verselbständigung in Abgrenzung zur Kernverwaltung als auch ein eigenständiger Verwaltungszweck. Hinsichtlich dieser beiden Merkmale, der Verselbständigung und des Verwaltungszwecks, lässt die Definition eine große Bandbreite an Fallgestaltungen zu, was angesichts der verschiedenen Rechtsformen und mannigfaltigen Tätigkeiten kommunaler Unternehmen auch erforderlich ist.

Die GO NRW unterscheidet ungeachtet der vorstehenden Definition begrifflich zwischen „Unternehmen" und „Einrichtungen", wobei die Abgrenzung tätigkeitsbezogen erfolgt. Bei wirtschaftlicher Betätigung nach § 107 Abs. 1 GO NRW und energiewirtschaftlicher Betätigung nach § 107a Abs. 1 GO NRW wird dort der Begriff des „Unternehmens", bei nichtwirtschaftlicher Betätigung nach

---

51 *Cronauge*, Kommunale Unternehmen, Rn. 27.

§ 107 Abs. 2 GO NRW der Begriff der „Einrichtung" verwendet. Die o. g. Definition schließt beide Begriffe ein. Zudem sollen Einrichtungen gemäß § 107 Abs. 2 S. 2 GO NRW nach wirtschaftlichen Gesichtspunkten und damit weitgehend wie Unternehmen geführt werden.[52] Nicht zuletzt entfaltet die von der GO NRW vorgenommene begriffliche Unterscheidung keinerlei Relevanz für die Frage der Erfahrung und Sachkunde in Aufsichts- und Verwaltungsräten kommunaler Unternehmen. Aufgrund dieser Erwägungen wird nachfolgend – soweit nicht anders angegeben – keine Unterscheidung zwischen Unternehmen und Einrichtungen i. S. d. GO NRW vorgenommen und der Begriff „kommunales Unternehmen" im oben definierten Sinne verwendet.[53]

B. II. Kommunalrechtliche Grundlagen

Die Daseinsvorsorge, die Verwaltung öffentlicher Einrichtungen und die Teilhabe der Kommunen am Wirtschaftsleben prägen das Wesen der kommunalen Selbstverwaltung[54]. Das Recht der Kommunen zur wirtschaftlichen Betätigung ist daher abzuleiten aus der Selbstverwaltungsgarantie des Art. 28 Abs. 2 S. 1 GG.[55] Diese schützt dabei nicht nur die Rechte der Kommunen, sondern

---

52 *Theisen* in Hofmann/Theisen/Bätge, Kommunalrecht in Nordrhein-Westfalen, S. 637.

53 Schließlich sei darauf hingewiesen, dass der Begriff des kommunalen Unternehmens nicht mit dem Begriff des Kommunalunternehmens gleichgesetzt oder verwechselt werden sollte, der in Nordrhein-Westfalen für die kommunalrechtlichen Anstalten des öffentlichen Rechts verwendet wird (§ 1 Abs. 1 KUV NRW). Vielmehr sind somit auch Kommunalunternehmen kommunale Unternehmen; *Cronauge*, Kommunale Unternehmen, Rn. 27.

54 *Wellmann* in Rehn/Cronauge/von Lennep/Knirsch, Gemeindeordnung NRW, 53. EL 2021, § 107 Rn. 1.

55 *Kaster* in BeckOK KommunalR NRW, GO NRW § 107 Rn. 1; *Held/Kotzea* in PdK NRW Bd. 1, § 107 Erl. 2.1; *Cronauge*, Kommunale Unternehmen, Rn. 393.

verpflichtet sie auch dazu, den kommunalen Aufgabenbereich zu wahren und die Angelegenheiten der örtlichen Gemeinschaft im Rahmen ihrer Selbstverwaltung wahrzunehmen[56], mithin diese nicht (vollständig) der Privatwirtschaft zu überlassen. Andererseits sind die Kommunen vor zu hohen finanziellen Risiken und die Privatwirtschaft vor einer nicht sachgerechten Konkurrenz durch die Kommunen zu schützen.[57] Vor diesem Hintergrund regeln die §§ 107 ff. GO NRW ob und wie sich Kommunen wirtschaftlich betätigen dürfen.[58] Dabei besteht eines der wesentlichen Ziele darin, einen ausreichenden Einfluss der Kommunen auf kommunale Unternehmen sicherzustellen, der nicht nur im Interesse der Kommunen liegt, sondern vielmehr auch notwendig ist, um dem verfassungsrechtlichen Demokratieprinzip ausreichend Rechnung zu tragen.[59]

B. II. 1. Voraussetzungen (nicht)wirtschaftlicher Betätigung (§§ 107 f. GO NRW)

Die §§ 107 und 107a GO NRW unterscheiden zwischen wirtschaftlicher, nichtwirtschaftlicher und energiewirtschaftlicher Betätigung und formulieren hierfür jeweils unterschiedliche Voraussetzungen.

Gemäß § 107 Abs. 1 S. 3 GO NRW ist als wirtschaftliche Betätigung „der Betrieb von Unternehmen zu verstehen, die als Hersteller, Anbieter oder Verteiler von Gütern oder Dienstleistungen am Markt

---

56 *Wellmann* in Rehn/Cronauge/von Lennep/Knirsch, Gemeindeordnung NRW, 53. EL 2021, § 107 Rn. 1.

57 *Bätge*, Kommunalrecht NRW, Rn. 392.

58 *Kaster* in BeckOK KommunalR NRW, GO NRW § 107 Rn. 4; *Bätge*, Arbeit in Aufsichts- und Verwaltungsräten, S. 10. Die Privatwirtschaft hat die Möglichkeit, die Einhaltung dieser Vorgaben von den zuständigen Verwaltungsgerichten überprüfen zu lassen, *Bätge*, KommJur 2020, S. 321 (322).

59 *Mayen*, DÖV 2001, S. 110 (112 f.).

tätig werden, sofern die Leistung ihrer Art nach auch von einem Privaten mit der Absicht der Gewinnerzielung erbracht werden könnte".[60] Maßgeblich ist insoweit die konkrete Tätigkeit, unabhängig von der Organisations- oder Rechtsform, in der diese ausgeübt wird.[61] Dabei wird auf den Unternehmensgegenstand insgesamt abgestellt, nicht auf jede einzelne unternehmerische Handlung.[62] Entsprechend sind nach herrschender Meinung auch sog. Annextätigkeiten, die nicht unmittelbar unter die Haupttätigkeit fallen, zulässig, soweit es sich um Hilfs- oder Nebentätigkeiten von geringer Bedeutung handelt – wie z. B. Werbung oder Vertrieb – und die Haupttätigkeit die Zulässigkeitsvoraussetzungen erfüllt.[63]

Liegt eine wirtschaftliche Betätigung vor, müssen für deren Zulässigkeit die geltenden gesetzlichen Anforderungen erfüllt werden.[64] Die Schrankentrias des § 107 Abs. 1 S. 1 GO NRW sieht insbesondere vor, dass ein öffentlicher Zweck die wirtschaftliche Betätigung erfordern muss (Nr. 1). Öffentlicher Zweck ist jeder im Aufgabenbereich der Kommune liegende Gemeinwohlbelang und damit jede

---

60 Demnach liegt bei hoheitlichen Tätigkeiten grundsätzlich keine wirtschaftliche Betätigung vor, da diese nicht von Privaten erbracht werden können, *Kaster* in BeckOK KommunalR NRW, GO NRW § 107 Rn. 25; *Bätge*, KommJur 2020, S. 321 (322 f.); *Theisen* in Hofmann/Theisen/Bätge, Kommunalrecht in Nordrhein-Westfalen, S. 633. So ging z. B. das VG Münster bei der kostenlosen Anfertigung von Passfotos durch die Gemeinde nicht von einer wirtschaftlichen Betätigung, sondern von einer Tätigkeit im Rahmen eines Verwaltungsverfahrens aus, VG Münster, NVwZ 2015, S. 1399 (1400).

61 *Wellmann* in Rehn/Cronauge/von Lennep/Knirsch, Gemeindeordnung NRW, 53. EL 2021, § 107 Rn. 39 ff.

62 OVG Münster, NVwZ 2003, S. 1520 (1522); *Kaster* in BeckOK KommunalR NRW, GO NRW § 107 Rn. 26.

63 *Theisen* in Hofmann/Theisen/Bätge, Kommunalrecht in Nordrhein-Westfalen, S. 636; *Bätge*, KommJur 2020, S. 321 (323); *Wellmann* in Rehn/Cronauge/von Lennep/Knirsch, Gemeindeordnung NRW, 53. EL 2021, § 107 Rn. 49; *Kaster* in BeckOK KommunalR NRW, GO NRW § 107 Rn. 30.

64 *Bätge*, KommJur 2020, S. 321 (324).

gemeinwohlorientierte, im öffentlichen Interesse der Einwohner liegende Zielsetzung.[65] Gewinnerzielung stellt keinen eigenständigen öffentlichen Zweck dar, ist jedoch auch nicht ausgeschlossen, soweit ein öffentlicher Zweck im Übrigen vorliegt.[66] Erforderlich ist eine wirtschaftliche Betätigung, wenn sie objektiv erforderlich im Sinne von vernünftiger Weise geboten ist; insoweit ist der Kommune eine nur eingeschränkt gerichtlich überprüfbare Einschätzungsprärogative einzuräumen.[67]

Vervollständigt wird die Schrankentrias durch das Leistungsfähigkeitsgebot (Nr. 2), das Kommunen vor übermäßigen wirtschaftlichen Risiken schützen soll[68], sowie die sog. einfache oder unechte[69] Subsidiaritätsklausel (Nr. 3), nach welcher der öffentliche Zweck durch andere Unternehmen – also Private – nicht besser oder wirtschaftlicher zu erfüllen sein darf. Die Kommune muss entsprechend darlegen, dass sie den öffentlichen Zweck qualitativ

---

65 OVG Münster, NVwZ 2008, S. 1031 (1035); *Wellmann* in Rehn/Cronauge/von Lennep/Knirsch, Gemeindeordnung NRW, 53. EL 2021, §107 Rn. 62; *Cronauge*, Kommunale Unternehmen, Rn. 412; kritisch zu diesem Verständnis, da es nahezu keine Abgrenzungswirkung entfalte, *Held/Kotzea* in PdK NRW Bd. 1, § 107 Erl. 3.1.2.

66 *Wellmann* in Rehn/Cronauge/von Lennep/Knirsch, Gemeindeordnung NRW, 53. EL 2021, § 107 Rn. 65.

67 OVG Münster, NVwZ 2008, S. 1031 (1035); *Kaster* in BeckOK KommunalR NRW, GO NRW § 107 Rn. 29; *Wellmann* in Rehn/Cronauge/von Lennep/Knirsch, Gemeindeordnung NRW, 53. EL 2021, § 107 Rn. 75; *Bätge*, KommJur 2020, S. 365 (365).

68 *Kaster* in BeckOK KommunalR NRW, GO NRW § 107 Rn. 32; *Cronauge*, Kommunale Unternehmen, Rn. 415; *Bätge*, KommJur 2020, S. 365 (365).

69 In Abgrenzung zur in den Gemeindeordnungen einiger anderer Bundesländer enthaltenen „echten“ oder „qualifizierten“ Subsidiaritätsklausel, die einen Vorrang Privater schon bei Leistungsparität vorsieht, *Bätge*, KommJur 2020, S. 365 (365 f.).

oder ökonomisch mindestens ebenso gut erfüllen kann wie ein privater Anbieter.[70]

§ 107 Abs. 2 S. 1 GO NRW listet eine Reihe von Einrichtungen auf, deren Betrieb nicht als wirtschaftliche Betätigung (sog. nichtwirtschaftliche Betätigung) der Kommune gilt.[71] Der Betrieb dieser Einrichtungen ist durch gesetzliche Fiktion als nichtwirtschaftliche Betätigung zu qualifizieren, sodass die Zulässigkeitsvoraussetzungen der Schrankentrias hier keine Anwendung finden.[72] Private Anbieter haben insoweit die Konkurrenz der Kommunen hinzunehmen; durch die gesetzliche Fiktion wird unterstellt, dass die aufgeführten Einrichtungen öffentlichen Zwecken dienen und diese nicht besser oder wirtschaftlicher von Privaten erfüllt werden (können).[73] Auch die Rechtsform ist für die Qualifizierung als nichtwirtschaftliche Betätigung ohne Belang.[74]

---

70 *Bätge*, KommJur 2020, S. 365 (365); *Kaster* in BeckOK KommunalR NRW, GO NRW § 107 Rn. 33. Anhaltspunkte für die Beurteilung können u. a. die Zuverlässigkeit privater Anbieter, die gleichmäßige Versorgung der Bevölkerung, soziale Bedürfnisse sowie die Wirtschaftlichkeit und Qualität der Leistungserbringung sein, *Wellmann* in Rehn/Cronauge/von Lennep/Knirsch, Gemeindeordnung NRW, 53. EL 2021, § 107 Rn. 82.

71 Einzelheiten zu den Einrichtungen bei *Cronauge*, Kommunale Unternehmen, Rn. 407; *Bätge*, KommJur 2020, S. 365 (367).

72 OVG Münster, NVwZ 2005, S. 1211 (1212); *Wellmann* in Rehn/Cronauge/von Lennep/Knirsch, Gemeindeordnung NRW, 53. EL 2021, § 107 Rn. 96 f.; *Kaster* in BeckOK KommunalR NRW, GO NRW § 107 Rn. 34a.

73 *Bätge*, KommJur 2020, S. 365 (367); *Kaster* in BeckOK KommunalR NRW, GO NRW § 107 Rn. 38.

74 OLG Düsseldorf, NVwZ 2000, S. 714 (715); *Wellmann* in Rehn/Cronauge/von Lennep/Knirsch, Gemeindeordnung NRW, 53. EL 2021, § 107 Rn. 98.

Als energiewirtschaftliche Betätigung gilt nach § 107a Abs. 1 GO NRW die Betätigung in den Bereichen Strom-, Gas- und Wärmeversorgung. Ein öffentlicher Zweck wird auch hier fingiert.[75] Einzige Voraussetzung ist darüber hinaus das Leistungsfähigkeitsgebot, wie es auch für die wirtschaftliche Betätigung gilt. Die Subsidiaritätsklausel des § 107 Abs. 1 S. 1 Nr. 3 GO NRW gilt für die energiewirtschaftliche Betätigung demnach nicht[76], was sie gegenüber der übrigen wirtschaftlichen Betätigung deutlich privilegiert.[77]

Die §§ 107 Abs. 3 und 4 sowie 107a Abs. 3 GO NRW regeln ferner zulässige Abweichungen vom Prinzip der Örtlichkeit, das die Tätigkeit der Kommunen – und der kommunalen Unternehmen – grundsätzlich auf das eigene Gebiet beschränkt.[78]

§ 107 Abs. 6 GO NRW untersagt schließlich die Errichtung, die Übernahme oder den Betrieb von Bankunternehmen durch Kommunen, während § 107 Abs. 7 GO NRW mit Blick auf das öffentliche Sparkassenwesen auf die dafür erlassenen besonderen Vorschriften verweist.

B. II. 2. Voraussetzungen für Unternehmen des Privatrechts (§ 108 GO NRW)

Liegen die dargestellten Voraussetzungen für eine wirtschaftliche, nichtwirtschaftliche oder energiewirtschaftliche Betätigung der Kommune vor, steht es ihr im Rahmen ihrer Organisationshoheit zunächst frei zu entscheiden, ob sie unmittelbar selbst tätig wird –

---

75 *Wellmann* in Rehn/Cronauge/von Lennep/Knirsch, Gemeindeordnung NRW, 53. EL 2021, § 107a Rn. 11.

76 *Kaster* in BeckOK KommunalR NRW, GO NRW § 107a Rn. 11.

77 *Bätge*, KommJur 2020, S. 365 (367 f.).

78 Einzelheiten hierzu bei *Theisen* in Hofmann/Theisen/Bätge, Kommunalrecht in Nordrhein-Westfalen, S. 674 ff.; *Wellmann* in Rehn/Cronauge/von Lennep/Knirsch, Gemeindeordnung NRW, 53. EL 2021, § 107 Rn. 128 ff.

z. B. durch Ämter, nichtrechtsfähige Anstalten oder Regiebetriebe – oder durch eine verselbständigte Rechtsform des öffentlichen oder des privaten Rechts.[79] Entscheidungskriterien können dabei u. a. wirtschaftlicher, haushaltsrechtlicher, steuerlicher, steuerungspolitischer, personalpolitischer und organisatorischer Natur sein.[80] Fällt als Ergebnis der Abwägung dieser Kriterien die Wahl auf eine privatrechtliche Rechtsform, sind insbesondere die Anforderungen des § 108 GO NRW zu beachten, die im Wesentlichen ausreichende Kontroll- und Steuerungsmöglichkeiten der Kommune erhalten sowie eine mögliche Haftung begrenzen sollen.[81]

§ 108 Abs. 1 S. 1 GO NRW knüpft in den Nr. 1 bis 10 die Gründung von und Beteiligung an Unternehmen in privatrechtlicher Rechtsform an eine Reihe von Bedingungen. Diese müssen sowohl bei Gründung bzw. Erwerb sowie auch während der gesamten Dauer der Beteiligung beachtet werden.[82] Darunter verfolgen die Nr. 3 bis 5 insgesamt das Ziel, finanzielle Risiken für die Kommune zu limitieren.[83] Insbesondere sind gemäß Nr. 3 nur Rechtsformen zulässig, bei denen die Haftung der Kommune auf einen bestimmten Betrag begrenzt ist, womit im Wesentlichen die Rechtsformen der

---

79 BVerfGE 79, S. 127 (143 f.); *Held/Kotzea* in PdK NRW Bd. 1, § 108 Erl. 2.1; *Kaster* in BeckOK KommunalR NRW, GO NRW § 107a Rn. 5 ff.; *Theisen* in Hofmann/Theisen/Bätge, Kommunalrecht in Nordrhein-Westfalen, S. 637 f.; *Cronauge*, Kommunale Unternehmen, Rn. 22.

80 *Bätge*, KommJur 2020, S. 365 (367); *Cronauge*, Kommunale Unternehmen, Rn. 132 ff.

81 *Wellmann* in Rehn/Cronauge/von Lennep/Knirsch, Gemeindeordnung NRW, 48. EL 2019, § 108 Erl. I. 1.; *Theisen* in Hofmann/Theisen/Bätge, Kommunalrecht in Nordrhein-Westfalen, S. 638.

82 *Wellmann* in Rehn/Cronauge/von Lennep/Knirsch, Gemeindeordnung NRW, 44. EL 2016, § 108 Erl. II. 2.

83 *Kaster* in BeckOK KommunalR NRW, GO NRW § 108 Rn. 9; *Held/Kotzea* in PdK NRW Bd. 1, § 108 Erl. 4.3.

GmbH und der AG sowie die Stellung als Kommanditist einer KG in Frage kommen.[84]

Gemäß Nr. 6 muss ein angemessener Einfluss der Kommune, insbesondere in einem Überwachungsorgan, durch Gesellschaftsvertrag, Satzung oder in anderer Weise gesichert werden. Die Beurteilung, ob der Einfluss der Kommune angemessen ist, wird sich im Wesentlichen an der Höhe der Beteiligung orientieren müssen, nach der sich regelmäßig die Besetzung des Überwachungsorgans richtet.[85]

Nr. 7 sieht vor, dass der nach § 107 Abs. 1 S. 1 GO NRW erforderliche bzw. nach § 107a Abs. 1 GO NRW oder § 107 Abs. 2 GO NRW gesetzlich fingierte öffentliche Zweck im Gesellschaftsvertrag, der Satzung oder einem sonstigen Organisationsstatut verankert und das kommunale Unternehmen so auf diesen ausgerichtet wird.[86] Die dadurch bewirkte Verpflichtung der Organe des Unternehmens auf den öffentlichen Zweck ist als wesentliches Mittel zur Sicherung des kommunalen Einflusses anzusehen.[87] Der öffentliche Zweck ist mithin nicht nur Voraussetzung sondern auch fundamentale Grundlage der Betätigung kommunaler Unternehmen.

Gemäß § 108 Abs. 4 GO NRW darf für ein kommunales Unternehmen die AG als Rechtsform nur dann gewählt werden, wenn der öffentliche Zweck nicht ebenso gut in einer anderen Rechtsform

84 *Bätge*, Kommunalrecht NRW, Rn. 420; *Kaster* in BeckOK KommunalR NRW, GO NRW § 108 Rn. 10.

85 *Held/Kotzea* in PdK NRW Bd. 1, § 108 Erl. 4.3; *Wellmann*, in Rehn/Cronauge/von Lennep/Knirsch, Gemeindeordnung NRW, 48. EL 2019, § 108 Erl. IV. 5.

86 *Held/Kotzea* in PdK NRW Bd. 1, § 108 Erl. 4.5; *Wellmann*, in Rehn/Cronauge/von Lennep/Knirsch, Gemeindeordnung NRW, 48. EL 2019, § 108 Erl. IV. 6. Gesellschaftsrechtlich sind öffentliche Zwecke als in der Satzung festgeschriebener Gegenstand des Unternehmens zulässig, *Pentz* in MüKo AktG § 23 Rn. 69.

87 LT-Drs. 11/4983, Begründung, S. 26.

erfüllt wird oder werden kann. Die AG erfährt damit einen Nachrang gegenüber anderen Rechtsformen – insbesondere der GmbH – da ihre Organe Vorstand und Aufsichtsrat eine besonders hohe Unabhängigkeit besitzen und das bundesgesetzliche Gesellschaftsrecht kaum Möglichkeiten zur Stärkung des kommunalen Einflusses eröffnet.[88]

§ 108 Abs. 5 GO NRW sieht demgegenüber bei der Rechtsform der GmbH die Regelung bestimmter Inhalte im Gesellschaftsvertrag vor. Neben der Zuständigkeit der Gesellschafterversammlung u. a. für den Erwerb und die Veräußerung von Beteiligungen, der Feststellung des Jahresabschlusses sowie der Bestellung und Abberufung der Geschäftsführer ist demnach im Gesellschaftsvertrag ein Weisungsrecht der Kommunalvertretung gegenüber den auf Vorschlag der Kommune gewählten Mitgliedern eines gesetzlich nicht vorgeschriebenen (fakultativen) Aufsichtsrats zu verankern. Ziel ist es dabei, durch Gesellschaftsvertrag – soweit zulässig – vom bundesgesetzlichen Gesellschaftsrecht abweichende Regelungen zur Stärkung des kommunalen Einflusses zu treffen.[89]

B. II. 3. Arbeitnehmermitbestimmung in Aufsichtsräten (§§ 108a f. GO NRW)

Für fakultative Aufsichtsräte sieht § 108a Abs. 1 S. 1 und 2 GO NRW – sofern die Kommune mit mehr als 50 % an dem Unternehmen beteiligt ist – die Möglichkeit vor, Arbeitnehmervertreter in den Aufsichtsrat zu entsenden, wenn mehr als zwei Aufsichtsratsmandate von der Kommune besetzt werden. Werden zwei

---

88 *Kaster* in BeckOK KommunalR NRW, GO NRW § 108 Rn. 22 f.; *Bätge*, Kommunalrecht NRW, Rn. 420; *Theisen* in Hofmann/Theisen/Bätge, Kommunalrecht in Nordrhein-Westfalen, S. 663; Einzelheiten zur Unabhängigkeit der Organe einer AG unter o.

89 *Kaster* in BeckOK KommunalR NRW, GO NRW § 108 Rn. 24 f.; zur Notwendigkeit einer ausdrücklichen Regelung des Weisungsrechts im Gesellschaftsvertrag: BVerwG, NJW 2011, S. 3735 (3736).

Aufsichtsratsmandate mit Arbeitnehmervertretern besetzt, muss es sich dabei gemäß Abs. 2 S. 1 um Arbeitnehmer[90] des kommunalen Unternehmens handeln. Werden mehr als zwei Mandate mit Arbeitnehmervertretern besetzt, können gemäß Abs. 2 S. 2 die weiteren Mandate auch von Personen wahrgenommen werden, die nicht Arbeitnehmer des kommunalen Unternehmens sind.[91]

Da über allein durch die Beschäftigten des kommunalen Unternehmens gewählte Arbeitnehmervertreter der aufgrund des Demokratieprinzips gebotene Einfluss der Kommune im Aufsichtsrat insoweit nicht gewährleistet werden kann[92], stellen weitere Regelungen in § 108a GO NRW einen ausreichenden Einfluss der Kommune sicher. Gemäß Abs. 1 S. 3 darf nicht mehr als ein Drittel der Aufsichtsratsmandate der Kommune mit Arbeitnehmervertretervertretern besetzt werden (sog. Drittelparität). Abs. 3 legt fest, dass die Arbeitnehmervertreter von der Kommunalvertretung auf Vorschlag der Beschäftigten des kommunalen Unternehmens bestellt werden, wobei die Vorschlagsliste mindestens die doppelte Zahl der zu besetzenden Mandate umfassen muss. Die Kommune hat zudem das Recht, eine neue Vorschlagsliste zu verlangen. Darüber hinaus gelten auch für Arbeitnehmervertreter gemäß Abs. 4 S. 1 die Regelungen in § 113 Abs. 1 S. 2 und 3 sowie Abs. 6 GO NRW entsprechend, mithin also die Bindung an Beschlüsse der Kommunalvertretung und die Anforderungen an die Erfahrung und Sachkunde. Im Ergebnis können auch Arbeitsnehmervertreter i. S. d. § 108a GO NRW als Vertreter der Kommune betrachtet werden,

---

90 Zur inhaltlich nicht nachvollziehbaren begrifflichen Unterscheidung zwischen „Arbeitnehmer“ und „Beschäftigte“ innerhalb von § 108a GO NRW vgl. *Otto/Quick*, NWVBl. 2015, S. 171 (173).

91 Diese Regelung zielt wohl auf eine Öffnung der Aufsichtsräte kommunaler Unternehmen für Vertreter der Gewerkschaften ab, *Buken*, NWVBl. 2016, S. 441 (441).

92 VerfGH NRW, NVwZ 1987, S. 211 (213).

die lediglich von den Beschäftigten des Unternehmens vorgeschlagen werden.[93]

§ 108b GO NRW eröffnet für einen begrenzten Zeitraum bis zum 31. Oktober 2025 die Möglichkeit, auf Antrag bei der Aufsichtsbehörde und unter den weiteren von § 108b GO NRW formulierten Voraussetzungen, den fakultativen Aufsichtsrat eines kommunalen Unternehmens zur Hälfte (sog. Vollparität) mit Arbeitnehmervertretern zu besetzen. Die Vorschrift wird zum Teil wegen systemischer Mängel[94] sowie potentieller Demokratiedefizite[95] kritisiert, sodass die Relevanz des § 108b GO NRW für die Praxis nicht nur aufgrund ihrer zeitlichen Befristung fraglich erscheint.[96]

B. II. 4. Wirtschaftsgrundsätze (§ 109 GO NRW)

Kommunale Unternehmen sind gemäß § 109 Abs. 1 S. 1 GO NRW so zu führen, zu steuern und zu kontrollieren, dass der öffentliche Zweck nachhaltig erfüllt wird. Der bereits als Voraussetzung für jedwede wirtschaftliche und nichtwirtschaftliche Betätigung der Kommunen erforderliche und bei kommunalen Unternehmen in Privatrechtsform gemäß § 108 Abs. 1 S. 1 Nr. 7 GO NRW im Gesellschaftsvertrag oder der Satzung zu verankernde öffentliche Zweck wird hier erneut betont. Darüber hinaus wird klargestellt, dass dessen Erfüllung dauerhaft gewährleistet werden muss, mithin unter Berücksichtigung auch langfristiger Bedürfnisse.[97] Dies erfordert eine aktive Steuerung der kommunalen Unternehmen durch die Kommune[98], nicht zuletzt auch über ihre Vertreter in den Aufsichts- und Verwaltungsräten.

---

93 *Otto/Quick*, NWVBl. 2015, S. 171 (172).

94 Landtag Nordrhein-Westfalen, Stellungnahme 16/1920.

95 Einzelheiten bei *Held/Kotzea* in PdK NRW Bd. 1, § 108b Erl. 2.

96 *Kaster* in BeckOK KommunalR NRW, GO NRW § 108b Rn. 5.

97 *Wellmann*, in Rehn/Cronauge/von Lennep/Knirsch, Gemeindeordnung NRW, 54. EL 2022, § 109 Rn. 6.

98 *Held/Kotzea* in PdK NRW Bd. 1, § 109 Erl. 1.

Während diese aktive Steuerung mit Ausrichtung auf den öffentlichen Zweck für alle kommunalen Unternehmen gefordert wird, soll gemäß § 109 Abs. 1 S. 2 GO NRW bei wirtschaftlicher Betätigung[99] darüber hinaus ein Ertrag für den Haushalt der Kommune erzielt werden, soweit dadurch die Erfüllung des öffentlichen Zwecks nicht beeinträchtigt wird. Die Vorschrift greift somit das dem gesamten kommunalen Wirtschaftsrecht immanente Spannungsfeld zwischen der Erfüllung des öffentlichen Zwecks und der Gewinnerzielung[100] auf und räumt dem öffentlichen Zweck dabei Vorrang vor anderen Zwecken, insbesondere der Gewinnerzielung, ein.[101] Gleichwohl soll (nicht muss[102]) im Regelfall ein Ertrag für den Haushalt[103] erzielt werden. § 109 Abs. 2 GO NRW fordert vor diesem Hintergrund einen Jahresgewinn, als Unterschied der Erträge und Aufwendungen, der in seiner Höhe nach Abzug der für die Entwicklung des Unternehmens notwendigen Rücklagen einer marktüblichen Verzinsung des Eigenkapitals entspricht.[104]

99 Bei nichtwirtschaftlicher Betätigung (der zugrundeliegende Sachverhalt betraf die Abwasserbeseitigung) hat das OVG Münster mit Urteil vom 22. November 2005 die Zulässigkeit einer Ertragserzielung verneint, OVG Münster, BeckRS 2005, S. 31211.

100 *Held/Kotzea* in PdK NRW Bd. 1, § 109 Erl. 3.

101 *Wellmann*, in Rehn/Cronauge/von Lennep/Knirsch, Gemeindeordnung NRW, 54. EL 2022, § 109 Rn. 7.

102 *Kaster* in BeckOK KommunalR NRW, GO NRW § 109 Rn. 9.

103 In Form eines Geldgewinns, *Held/Kotzea* in PdK NRW Bd. 1, § 109 Erl. 3.

104 Als Anhaltspunkt für eine marktübliche Verzinsung können insbesondere Anlagen der Kommune auf Festkonten oder der Zinssatz bei Aufnahme von langfristigem Fremdkapital dienen, *Wellmann* in Rehn/Cronauge/von Lennep/Knirsch, Gemeindeordnung NRW, 54. EL 2022, § 109 Rn. 11.

B. II. 5. Vertretung der Kommunen in Unternehmen (§ 113 GO NRW)

§ 113 GO NRW hat im Wesentlichen die Bestellung von Vertretern der Kommune in Gremien kommunaler Unternehmen sowie deren Bindung an die Kommunalvertretung insbesondere durch Weisungsrechte und Informationspflichten zum Gegenstand.

Gemäß Abs. 1 haben Vertreter der Kommune in Gremien kommunaler Unternehmen die Interessen der Kommune zu verfolgen (S. 1) und sind – auch hinsichtlich einer Niederlegung ihres Amtes (S. 3) – an Beschlüsse der Kommunalvertretung und ihrer Ausschüsse gebunden (S. 2). Die Vorschrift gilt für alle juristischen Personen oder Personenvereinigungen des öffentlichen und privaten Rechts und begründet in ihrer Wirkung faktisch ein Weisungsrecht der Kommunalvertretung gegenüber den von ihr in Unternehmensgremien entsandten Vertretern.[105] Dieses Weisungsrecht kann im Einzelfall anderslautenden landesrechtlichen Vorgaben[106] und insbesondere dem bundesgesetzlichen Gesellschaftsrecht[107] entgegenstehen. Konflikte mit dem Bundesrecht werden zwar bereits durch dessen Vorrang vor dem Landesrecht nach Art. 31 GG aufgelöst; § 113 Abs. 1 Satz 4 GO NRW stellt gleichwohl mit Blick auf jedwede mit dem Weisungsrecht konfligierende Vorschrift klar, dass die Sätze 1 bis 3 nur anzuwenden sind, soweit durch Gesetz nichts anderes bestimmt ist.

Abs. 2 legt fest, dass die Vertreter der Kommune in den Gremien nach Abs. 1 von der Kommunalvertretung bestellt werden (S. 1). Sind mehrere Vertreter zu benennen muss der Hauptverwal-

---

105 *Wellmann*, in Rehn/Cronauge/von Lennep/Knirsch, Gemeindeordnung NRW, 54. EL 2022, § 113 Rn. 7 und 9.

106 Beispiele für spezialgesetzliche Vorgaben im Landesrecht bei *Kaster* in BeckOK KommunalR NRW, GO NRW § 113 Rn. 15a.

107 Insbesondere § 111 Abs. 6 AktG; Einzelheiten hierzu unter B. III. 2.

tungsbeamte[108] oder eine von ihm vorgeschlagene bedienstete Person der Kommune dazuzählen (S. 2). Ferner erfolgt bei der Benennung mehrerer Vertreter deren Wahl in der Kommunalvertretung – mit Ausnahme des Hauptverwaltungsbeamten bzw. der von ihm vorgeschlagenen Person – nach dem Verhältniswahlverfahren nach Hare-Niemeyer, also entsprechend der Größenverhältnisse der vorschlagsberechtigten Fraktionen (Parteiproporz).[109] Listenverbindungen mehrerer Fraktionen sind gleichwohl möglich.[110] Als Vertreter kommen Mitglieder der Kommunalvertretung und der Verwaltung, aber auch externe Fachleute in Betracht.[111] In der kommunalen Praxis handelt es sich regelmäßig um Mitglieder der Kommunalvertretung.[112]

Gemäß Abs. 3 muss die Kommune bei Kapitalgesellschaften – also insbesondere bei GmbHs und AGs – darauf hinwirken, dass ihr im Gesellschaftsvertrag bzw. in der Satzung das Recht eingeräumt

108 Der Begriff „Hauptverwaltungsbeamte“ wird nachfolgend als Sammelbegriff für Bürgermeisterinnen und Bürgermeister sowie Landrätinnen und Landräte verwendet.

109 *Theisen* in Hofmann/Theisen/Bätge, Kommunalrecht in Nordrhein-Westfalen, S. 669 f.

110 *Bätge*, Arbeit in Aufsichts- und Verwaltungsräten, S. 30. Ein Verstoß gegen den für kommunale Ausschüsse geltenden Spiegelbildlichkeitsgrundsatz entsteht dadurch nicht, OVG Münster, NWVBl. 2011, S. 473; *Müller*, KUV NRW, § 114a GO NRW Erl. 15.

111 *Meier*, ZKF 2021, S. 53 (55 f.); Cronauge, Kommunale Unternehmen, Rn. 281; *Wellmann*, in Rehn/Cronauge/von Lennep/Knirsch, Gemeindeordnung NRW, 54. EL 2022, § 113 Rn. 46; eine Beschränkung ausschließlich auf Mitglieder der Kommunalvertretung und der Verwaltung, wie sie bei *Theisen* in Hofmann/Theisen/Bätge, Kommunalrecht in Nordrhein-Westfalen, S. 668, zu finden ist, lässt sich dagegen nicht aus dem Gesetz ableiten.

112 *Tscheuschner*, DVP 2018, S. 171 (174 f.); *Ludwig*, Aufsichtsräte in kommunalen Unternehmen, Rn. 231; Einzelheiten zur Besetzungspraxis unter 0.

wird, Vertreter in den Aufsichtsrat zu entsenden[113] (S. 1). Die Entscheidung über die Entsendung trifft die Kommunalvertretung (S. 2). Sofern die Kommune mit mehr als einem Mitglied im Aufsichtsrat vertreten ist, muss der Hauptverwaltungsbeamte oder eine von ihm vorgeschlagene bedienstete Person der Kommune zu den entsandten Mitgliedern zählen (S. 3). Die Vorschrift kann als Ergänzung bzw. Konkretisierung des § 108 Abs. 1 S. 1 Nr. 6 und Abs. 2 GO NRW gesehen werden, der ebenfalls auf die Sicherung des Einflusses der Kommune durch entsprechende Regelungen im Gesellschaftsvertrag gerichtet ist.[114]

Hat die Kommune das Recht, Mitglieder des Vorstands zu bestellen oder vorzuschlagen, entscheidet gemäß Abs. 4 auch hierüber die Kommunalvertretung. Ein solches Recht dürfte regelmäßig im Gesellschaftsvertrag kommunaler GmbHs verankert sein, wie es § 108 Abs. 5 Nr. 1 Buchst. d) GO NRW vorsieht.[115]

Abs. 5 begründet eine Unterrichtungspflicht der Vertreter der Kommune über alle Angelegenheiten von besonderer Bedeutung gegenüber der Kommunalvertretung. Anhaltspunkte für den unbestimmten Rechtsbegriff der „Angelegenheiten von besonderer Bedeutung“ kann § 41 Abs. 1 S. 2 GO NRW liefern, der exklusive Entscheidungskompetenzen der Kommunalvertretung enthält.[116] Auch Abs. 5 sieht in S. 2 die Einschränkung vor, dass die Unterrichtungspflicht nur gilt, soweit durch Gesetz nichts anderes bestimmt

---

113 Als Alternative zur grundsätzlich vorgesehenen Wahl durch die Haupt- bzw. Gesellschafterversammlung, vgl. unter B. III. 2.

114 *Kaster* in BeckOK KommunalR NRW, GO NRW § 113 Rn. 23.

115 Vgl. unter B. III. 2.

116 *Kaster* in BeckOK KommunalR NRW, GO NRW § 113 Rn. 25; *Wellmann* in Rehn/Cronauge/von Lennep/Knirsch, Gemeindeordnung NRW, 54. EL 2022, § 113 Rn. 67 ff.

ist. Potentielle Konflikte mit anderslautenden gesellschaftsrechtlichen Vorschriften[117] werden somit vermieden.

Auf die Anforderungen des § 113 Abs. 6 GO NRW an die Erfahrung und Sachkunde der Vertreter der Kommunen in den Gremien nach Abs. 1 wird in Teil C. im Detail eingegangen.

Abs. 7 sieht für die Vertreter der Kommunen Schadenersatz durch die Kommune vor, soweit sie aus ihrer Organtätigkeit haftbar gemacht werden und sie den Schaden nicht vorsätzlich oder grob fahrlässig herbeigeführt haben (S. 1).[118] Liegt Vorsatz oder grobe Fahrlässigkeit vor, erfolgt auch dann eine Freistellung, wenn auf Weisung der Kommune gehandelt wurde (S. 2).[119]

B. III. Rechtsformen kommunaler Unternehmen

Wie bereits ausgeführt, liegt die Wahl der Rechtsform, in der eine Kommune eine zulässige wirtschaftliche oder nichtwirtschaftliche Betätigung ausübt, im Rahmen ihres Ermessens.[120] Die unter B. II. beschriebenen Einschränkungen – insbesondere des § 108 GO NRW bei privatrechtlichen Rechtsformen – sind dabei freilich zu beachten. Die Wahl einer der zulässigen öffentlich-rechtlichen und privatrechtlichen Rechtsformen mit ihren jeweiligen Vor- und Nachteilen stellt eine komplexe Organisationsentscheidung dar.[121]

117 Insbesondere der Verschwiegenheitspflicht nach §§ 116 Satz 1 i. V. m. § 93 Abs. 1 S. 3 AktG; Einzelheiten unter B. III. 2.

118 Einzelheiten zu den Obliegenheiten des Vertreters bei der Abwicklung von Freistellungsansprüchen *Pauly/Beutel*, KommJur 2012, S. 446 (446 f.).

119 *Zieglmeier*, ZGR 2007, S. 144 (159).

120 *Theisen* in Hofmann/Theisen/Bätge, Kommunalrecht in Nordrhein-Westfalen, S. 637 f.

121 *Bätge*, Arbeit in Aufsichts- und Verwaltungsräten, S. 10.

Neben weiteren Aspekten besteht ein wesentlicher Unterschied der Rechtsformen in der differierenden Gewichtung von organisatorischer Verselbständigung und damit einhergehender Eigenständigkeit und Flexibilität des kommunalen Unternehmens auf der einen und der Ausprägung der Kontroll- und Steuerungsmöglichkeiten der Kommune auf der anderen Seite.[122] Dabei nehmen die Kontroll- und Steuerungsmöglichkeiten der Kommune bei privatrechtlichen Rechtsformen im Vergleich zu öffentlich-rechtlichen Rechtsformen ab, die Eigenständigkeit und Flexibilität der Unternehmen steigt dagegen. An den beiden Enden dieses Spektrums befinden sich der Eigenbetrieb, der im Vergleich zur Ämterverwaltung eine wirtschaftlich und organisatorisch höhere Autonomie besitzt[123], jedoch keine eigene Rechtspersönlichkeit[124], sowie die AG, bei der der Verselbständigungsgrad gegenüber der Kommune stark ausgeprägt ist[125]. Zwischen diesen Extremen liegen insbesondere die AöR, die Vorteile öffentlich-rechtlicher und privatrechtlicher Rechtsformen verbindet[126], sowie die GmbH, die der Kommune weitreichendere Einfluss- und Kontrollmöglichkeiten eröffnet als eine AG[127].

Um die Rolle der Vertreter der Kommunen in Aufsichts- und Verwaltungsräten kommunaler Unternehmen bei deren Kontrolle und

122 *Cronauge*, Kommunale Unternehmen, Rn. 136 ff.

123 Der Regiebetrieb liegt außerhalb dieses Spektrums, da er Teil der unmittelbaren Kommunalverwaltung ist, mithin mangels Verselbständigung kein kommunales Unternehmen, *Schneider* in Wurzel/Schraml/Gaß, Rechtspraxis KommUntern, Kap. D Rn. 46.

124 *Bätge*, Arbeit in Aufsichts- und Verwaltungsräten, S. 16 f.; *Schneider* in Wurzel/Schraml/Gaß, Rechtspraxis KommUntern, Kap. D Rn. 26; *Cronauge*, Kommunale Unternehmen, Rn. 147.

125 *Cronauge*, Kommunale Unternehmen, Rn. 163.

126 *Wellmann* in Rehn/Cronauge/von Lennep/Knirsch, Gemeindeordnung NRW, 50. EL 2020, § 114a Rn. 11; *Bätge*, Arbeit in Aufsichts- und Verwaltungsräten, S. 18.

127 *Cronauge*, Kommunale Unternehmen, Rn. 309.

Steuerung einordnen zu können, werden nachfolgend einige rechtliche Grundlagen der AöR, der AG und der GmbH sowie Grundzüge des Kompetenzgefüges ihrer Organe dargestellt.

Eigenbetriebe werden bei dieser Darstellung außer Acht gelassen, da angesichts ihrer rechtlichen Unselbständigkeit und der nur teilweisen Verselbständigung[128] die Kontrolle und Steuerung durch die Kommune vergleichsweise unproblematisch erscheinen[129]. Zudem nimmt die Bedeutung von Eigenbetrieben für die Praxis seit einiger Zeit sukzessive ab.[130] Auch weitere potentiell zulässige Rechtsformen, wie Genossenschaften, Vereine, GmbH & Co. KGs oder Stiftungen, sind für die Praxis von deutlich geringerer Relevanz[131], sodass Ausführungen hierzu unterbleiben. Gleichwohl können im weiteren Verlauf gewonnene Erkenntnisse zur Tätigkeit von Vertretern der Kommunen in Aufsichts- und Verwaltungsräten von AöRs, AGs und GmbHs sowie insbesondere zu deren Erfahrung und Sachkunde sinngemäß auf vergleichbare Überwachungsorgane der nicht näher betrachteten Rechtsformen übertragen werden.[132]

B. III. 1. Anstalt öffentlichen Rechts

Die Möglichkeit, kommunale Unternehmen als rechtsfähige Anstalt des öffentlichen Rechts auszugestalten, wurde in NRW mit

---

128 *Schneider* in Wurzel/Schraml/Gaß, Rechtspraxis KommUntern, Kap. D Rn. 26.

129 *Bätge*, Arbeit in Aufsichts- und Verwaltungsräten, S. 17.

130 *Cronauge*, Kommunale Unternehmen, Rn. 176; *Schneider* in Wurzel/Schraml/Gaß, Rechtspraxis KommUntern, Kap. D Rn. 2.

131 *Bätge*, Arbeit in Aufsichts- und Verwaltungsräten, S. 28; *Theisen* in Hofmann/Theisen/Bätge, Kommunalrecht in Nordrhein-Westfalen, S. 652; *Cronauge*, Kommunale Unternehmen, Rn. 155 ff.

132 *Schneider* in Wurzel/Schraml/Gaß, Rechtspraxis KommUntern, Kap. D Rn. 83; *Bätge*, Arbeit in Aufsichts- und Verwaltungsräten, S. 28 f.

dem 1. ModernG NRW[133] geschaffen, um der „Flucht ins Privatrecht" entgegenzuwirken.[134] Entsprechend weisen AöRs eine größere Verselbständigung als ein Eigenbetrieb und Parallelen zur GmbH[135] auf, ohne dabei die Vorteile des öffentlichen Rechts – u. a. die Möglichkeit, hoheitlich tätig zu werden – gänzlich aufzugeben.[136] Maßgebliche Rechtsgrundlagen für die AöR sind § 114a GO NRW, die Kommunalunternehmensverordnung[137] sowie die jeweilige Satzung der Anstalt. Mithin also ausschließlich kommunalrechtliche Regelungen, sodass bei der AöR grundsätzlich kein Spannungsverhältnis mit dem bundesgesetzlichen Gesellschaftsrecht besteht.[138]

AöRs besitzen Rechtsfähigkeit, können also anders als Eigenbetriebe selbst Träger von Rechten und Pflichten sein.[139] Gemäß § 114a Abs. 2 S. 2 GO NRW legt die Kommune in der Anstalts-

133 Erstes Gesetz zur Modernisierung von Regierung und Verwaltung in Nordrhein-Westfalen vom 15. Juni 1999, GV. NRW. 1999 S. 385.

134 *Theisen* in Hofmann/Theisen/Bätge, Kommunalrecht in Nordrhein-Westfalen, S. 639.

135 Mitunter werden sie als „öffentlich-rechtliche GmbHs" bezeichnet, *Cronauge*, Kommunale Unternehmen, Rn. 225 f.; *Kaster* in BeckOK KommunalR NRW, GO NRW § 114a Rn. 3.

136 *Held/Kotzea* in PdK NRW Bd. 1, § 114a Erl. 2; *Kaster* in BeckOK KommunalR NRW, GO NRW § 114a Rn. 3; *Bätge*, KommJur 2020, S. 365 (368.).

137 Verordnung über kommunale Unternehmen und Einrichtungen als Anstalt des öffentlichen Rechts vom 24. Oktober 2001, GV. NRW. 2001 S. 773.

138 *Cronauge*, Kommunale Unternehmen, Rn. 224; *Kaster* in BeckOK KommunalR NRW, GO NRW § 114a Rn. 3.

139 *Schraml* in Wurzel/Schraml/Gaß, Rechtspraxis KommUntern, Kap. D Rn. 122; *Wellmann* in Rehn/Cronauge/von Lennep/Knirsch, Gemeindeordnung NRW, 50. EL 2020, § 114a Rn. 10.

satzung u. a. die (gemeindliche[140]) Aufgabe der Anstalt, die Zahl der Mitglieder der beiden Organe Vorstand und Verwaltungsrat sowie die Höhe des Stammkapitals fest.[141] § 114a Abs. 5 GO NRW sieht ferner eine unbeschränkte Haftung der Kommune für Verbindlichkeiten der Anstalt im Rahmen der dieser Rechtsform immanenten Gewährträgerhaftung[142] vor.

Die Anstalt wird gemäß § 114a Abs. 6 S. 1 GO NRW von einem Vorstand grundsätzlich in eigener Verantwortung geleitet, der dabei gemäß § 3 Abs. 1 S. 1 KUV NRW die „Sorgfalt ordentlicher Geschäftsleute" anzuwenden hat.[143] Hauptaufgaben des in § 114a Abs. 7 GO NRW vorgesehenen Verwaltungsrats sind die Überwachung der Geschäftsführung des Vorstands (S. 1) sowie dessen Bestellung (S. 2). Hinsichtlich seiner weiteren Kompetenzen ist der Verwaltungsrat gemäß § 114a Abs. 7 S. 4 und 5 GO NRW an Weisungen der Kommunalvertretung gebunden[144] bzw. bedarf es zuvor ihrer Entscheidung[145]. Die Eigenverantwortlichkeit des Vorstands bei der Geschäftsführung kann gemäß § 114a Abs. 7 S. 6 GO NRW eingeschränkt und durch Satzungsregelung Entscheidungen in bestimmten Angelegenheiten auf den Verwaltungsrat übertragen werden. Ein zu extensiver Gebrauch dieser Möglichkeit könnte

140 *Wellmann* in Rehn/Cronauge/von Lennep/Knirsch, Gemeindeordnung NRW, 54. EL 2022, § 114a Rn. 23.

141 § 5 KUV NRW sieht ergänzend Bestimmungen über die Geschäftsordnungen von Verwaltungsrat und Vorstand sowie über die Beschlussfähigkeit des Verwaltungsrats vor.

142 *Schraml* in Wurzel/Schraml/Gaß, Rechtspraxis KommUntern, Kap. D Rn. 128.

143 Der Begriff ist dem Gesellschaftsrecht – § 93 Abs. 1 AktG bzw. § 43 Abs. 1 GmbHG – entlehnt, das insoweit als Orientierung dienen kann, *Müller*, KUV NRW, § 3 KUV Erl. 2.

144 Beim Erlass der Satzung, § 114a Abs. 7 S. 3 Nr. 1 GO NRW.

145 In den Fällen des § 114a Abs. 7 S. 3 Nr. 2 bis 7 GO NRW; zur Unterscheidung zwischen „Weisung" und „vorheriger Entscheidung" der Kommunalvertretung, *Wellmann* in Rehn/Cronauge/von Lennep/Knirsch, Gemeindeordnung NRW, 50. EL 2020, § 114a Rn. 49.

jedoch die Vorstandskompetenzen auf ein Maß reduzieren, dass die grundsätzlich angestrebte Abgrenzung der AöR vom Eigenbetrieb nivelliert[146] und so Vorteile größerer Eigenverantwortlichkeit möglicherweise zunichtemacht. Ferner kann die Satzung gemäß § 114a Abs. 7 S. 7 GO NRW vorsehen, dass Entscheidungen der Organe der Anstalt – also sowohl des Vorstands als auch des Verwaltungsrats – von grundsätzlicher Bedeutung der Zustimmung der Kommunalvertretung bedürfen. Was mit „grundsätzlicher Bedeutung" gemeint ist, bleibt dabei offen, wodurch die bei Kompetenzabgrenzungen notwendige Rechtsklarheit fehlt. Zudem bewirkt die Regelung einen angesichts des grundsätzlichen Kompetenzgefüges zwischen Kommunalvertretung, Verwaltungsrat und Vorstand unsystematischen Durchgriff auf den Vorstand über den Verwaltungsrat hinweg.[147]

Der Verwaltungsrat besteht gem. § 114a Abs. 8 GO NRW neben dem Hauptverwaltungsbeamten (oder dem zuständigen Beigeordneten), der den Vorsitz führt, aus weiteren Mitgliedern, die von der Kommunalvertretung nach Verhältniswahlrecht gemäß § 50 Abs. 3 GO NRW gewählt werden.[148] Dabei kann es sich sowohl um Mitglieder der Kommunalvertretung als auch um sachkundige Bürgerinnen und Bürger oder Dritte handeln[149], was die bei Regie- und Eigenbetrieben nicht gegebene Möglichkeit eröffnet, externe Fachleute in den Verwaltungsrat zu berufen.[150] Die Berufung von

146 *Mann* zur vergleichbaren, bereits früher eingeführten Regelung in Bayern, NVwZ 1996, S. 557 (558); *Müller*, KUV NRW, § 3 KUV Erl. 1.

147 *Schraml* in Wurzel/Schraml/Gaß, Rechtspraxis KommUntern, Kap. D Rn. 226; *Wellmann* in Rehn/Cronauge/von Lennep/Knirsch, Gemeindeordnung NRW, 52. EL 2021, § 114a Rn. 53.

148 *Müller*, KUV NRW, § 114a GO NRW Erl. 15; *Bätge*, Arbeit in Aufsichts- und Verwaltungsräten, S. 20.

149 *Wellmann* in Rehn/Cronauge/von Lennep/Knirsch, Gemeindeordnung NRW, 52. EL 2021, § 114a Rn. 46.

150 *Schraml* in Wurzel/Schraml/Gaß, Rechtspraxis KommUntern, Kap. D Rn. 201.

Arbeitnehmervertretern ist durch § 114a Abs. 8 S. 8 GO NRW ausgeschlossen.[151] Auf Beschluss der Kommunalvertretung haben Mitglieder des Verwaltungsrats ihr Amt niederzulegen.[152]

Eine Sonderrolle unter den AöRs nehmen Sparkassen ein, die den Spezialvorschriften des Sparkassengesetz NRW, ihrer jeweiligen Satzung sowie (u. a.) dem Kreditwesengesetz unterliegen.[153] Organe der Sparkassen sind gem. § 9 SpkG NRW ebenfalls der Vorstand, der die Sparkasse in eigener Verantwortung leitet[154], sowie der Verwaltungsrat, als oberstes Organ[155]. Letzterem obliegt gem. § 15 Abs. 1 SpkG NRW insbesondere die Überwachung der Geschäftsführung des Vorstands. Hinsichtlich des Kompetenzgefüges unterscheiden sich Sparkassen somit nicht wesentlich von den AöRs i. S. d. § 114a GO NRW.

Zusammenfassend zeigt sich, dass der kommunale Einfluss auf die AöR grundsätzlich über deren Organe wahrgenommen wird, wenngleich das konkrete Kompetenzgefüge im Einzelfall von der Ausgestaltung der Anstaltssatzung abhängt. Zwar bestehen einzelne Weisungs-, Entscheidungs- und Zustimmungsrechte der Kommunalvertretung, ein direktes Weisungsrecht gegenüber dem Vorstand jedoch nicht.[156] Auch der Verwaltungsrat ist bei der

---

151 *Müller*, KUV NRW, § 114a GO NRW Erl. 15; *Holz/Kürten/Grabolle*, KommJur 2014, S. 281 (283). Bei Eigenbetrieben wird eine Arbeitnehmermitbestimmung durch § 114 Abs. 3 GO NRW ermöglicht. Bei kommunalen Unternehmen in Privatrechtsform gelten §§ 108a und 108b GO NRW oder die gesellschaftsrechtliche Mitbestimmung. Die Anstalt öffentlichen Rechts nimmt insoweit eine Sonderstellung ein.

152 *Müller*, KUV NRW, § 2 KUV NRW Erl. 1.

153 *Bätge*, Arbeit in Aufsichts- und Verwaltungsräten, S. 20.

154 § 20 Abs. 1 SpkG NRW.

155 *Engau* in Engau/Dietlein/Josten, SpkG NRW, 4. EL 2014, § 9 SpkG NRW Erl. 2.

156 *Holz/Kürten/Grabolle*, KommJur 2014, S. 281 (283).

Wahrnehmung seiner Hauptaufgaben, der Überwachung und Bestellung des Vorstands, grundsätzlich unabhängig von der Kommunalvertretung.[157] Entsprechend ist die Kommune bei der Kontrolle und Steuerung der Anstalt maßgeblich auf die Erfahrung und Sachkunde des Verwaltungsrats angewiesen.

B. III. 2. Aktiengesellschaft

Kommunale Unternehmen in der Rechtsform einer Aktiengesellschaft sind in erster Linie in Großstädten bei Unternehmen mit hohem Kapitalbedarf sowie entsprechender Größe – z. B. bei Stadtwerken – anzutreffen[158], haben jedoch in Relation zu ihrer geringen Anzahl ein hohes Gewicht bei Beschäftigtenzahlen und Umsätzen der kommunalen Unternehmen[159].

Die AG besitzt gemäß § 1 Abs. 1 AktG eine eigene Rechtspersönlichkeit, für ihre Verbindlichkeiten haftet gegenüber den Gläubigern allein das Gesellschaftsvermögen. Sie erfüllt mithin die von § 108 Abs. 1 S. 1 Nr. 3 GO NRW geforderte Haftungsbegrenzung.[160] Das Grundkapital der AG ist gemäß § 1 Abs. 2 AktG in Aktien zerlegt. Die Höhe des Grundkapitals und dessen Zerlegung sind genauso wie die Firma und der Sitz der AG, der Gegenstand des Unternehmens sowie die Zahl der Vorstandsmitglieder gemäß § 23 Abs. 3 AktG in einer Satzung zu bestimmten. Die Satzung darf gemäß § 23 Abs. 5 AktG nur von den Vorschriften des AktG abweichen, soweit dies ausdrücklich gesetzlich zugelassen ist. Eine

---

157 Bei der Bestellung des Vorstands könnte eine Entscheidung von grundsätzlicher Bedeutung i. S. d. § 114a Abs. 7 Satz 7 GO NRW angenommen und durch Satzung ein Zustimmungsvorbehalt der Kommunalvertretung vorgesehen werden.

158 *Cronauge*, Kommunale Unternehmen, Rn. 163; *Bätge*, Arbeit in Aufsichts- und Verwaltungsräten, S. 22.

159 *Gottschalk* in Bräunig/Gottschalk, Stadtwerke, S. 53 (57).

160 *Theisen* in Hofmann/Theisen/Bätge, Kommunalrecht in Nordrhein-Westfalen, S. 640.

Berücksichtigung kommunalrechtlicher Vorgaben ist vor diesem Hintergrund nur in engen Grenzen möglich.

Organe der AG sind der Vorstand, der Aufsichtsrat und die Hauptversammlung. Gemäß § 76 Abs. 1 AktG leitet der Vorstand die AG unter eigener Verantwortung. Dabei handelt er selbständig, unabhängig und weisungsfrei.[161] Hauptaufgabe des Aufsichtsrats ist es gemäß § 111 Abs. 1 AktG, die Geschäftsführung des Vorstands zu überwachen.[162] Weitere Aufgaben des Aufsichtsrats sind insbesondere die Bestellung des Vorstands[163] und die Vertretung der Gesellschaft diesem gegenüber[164], die Beauftragung des Abschlussprüfers[165] sowie die Prüfung von Jahresabschluss und Lagebericht[166]. Zudem sind gemäß § 111 Abs. 4 S. 2 AktG bestimmte Arten von Geschäften der AG unter einen Zustimmungsvorbehalt des Aufsichtsrats zu stellen. Gemäß § 111 Abs. 6 AktG müssen die Mitglieder des Aufsichtsrats ihr Mandat persönlich wahrnehmen und dürfen dabei keinerlei Weisungsbindung unterliegen.[167] Dies gilt auch für Vertreter von Kommunen in Aufsichtsräten kommunaler AGs.[168] Die in § 113 Abs. 1 S. 2 GO NRW vorgesehene Bindung an Beschlüsse der Kommunalvertretung kommt daher nicht zur Anwendung.[169] Vielmehr sind Mitglieder in Aufsichtsräten von AGs

---

161 *Spindler* in MüKo AktG § 76 Rn. 31; *Cahn* in Kölner Kommentar AktG § 76 Rn. 48; *Koch* AktG § 76 Rn. 25; *Weber* in Hölters/Weber AktG § 76 Rn. 35.

162 *Habersack* in MüKo AktG § 111 Rn. 12; *Hopt/Roth* in Großkomm AktG § 111 Rn. 18, 102. Unter 0 wird eine eingehende Betrachtung der Überwachungsaufgabe vorgenommen.

163 § 84 AktG.

164 § 112 AktG.

165 § 111 Abs. 2 S. 3 AktG.

166 § 171 Abs. 1 S. 1 AktG.

167 *Habersack* in MüKo AktG § 111 Rn. 162; *Cahn/Mertens* in Kölner Kommentar AktG § 111 Rn. 117.

168 BGHZ 36, 296 (306); *Schwintowski*, NJW 1995, S. 1316 (1318 f.).

169 Zumindest im Außenverhältnis; im Innenverhältnis wird gleichwohl eine Bindung des Vertreters an Weisungen der Kommunalver-

gemäß § 116 Abs. 1 AktG i. V. m. § 93 Abs. 1 S. 2 AktG allein dem Unternehmensinteresse verpflichtet. Die Verschwiegenheitspflicht, der Aufsichtsratsmitglieder einer AG gemäß § 116 S. 1 AktG i. V. m. § 93 Abs. 1 S. 3 AktG grundsätzlich unterliegen, wird durch die Spezialregelung des § 394 AktG für Vertreter von Kommunen hinsichtlich der Berichte, die sie an die Kommune zu erstatten haben, aufgeweicht. Dabei wird nur in Ausnahmefällen ein Bericht unmittelbar an die Kommunalvertretung erfolgen, wie es § 113 Abs. 5 GO NRW für Angelegenheiten von besonderer Bedeutung vorsieht. Vielmehr wird Berichtsempfänger in der Regel der Hauptverwaltungsbeamte bzw. die Beteiligungsverwaltung sein.[170]

Aufsichtsratsmitglieder werden gemäß § 101 Abs. 1 S. 1 AktG von der Hauptversammlung gewählt[171] oder, soweit ein solches Recht

---

tretung herbeigeführt, *Cronauge*, Kommunale Unternehmen, Rn. 283. Trotz der grundsätzlichen (formalen) Weisungsfreiheit der Vertreter im Aufsichtsrat, wird man in der Praxis eine gewisse Bindung an die Kommunalvertretung und deren Willen wohl annehmen müssen, entscheidet diese doch über die (Neu)Berufung der Vertreter. Eine Abberufung ohne Sachgrund ist jedoch unzulässig, OVG Münster, NVwZ 1990, S. 791 (792 f.). Regelmäßig wird es angesichts gleichgerichteter Interessen zwischen Kommune und kommunalem Unternehmen jedoch nicht zu Konflikten zwischen dem Inhalt potentieller Weisungen und dem Unternehmensinteresse kommen, *Bätge*, Arbeit in Aufsichts- und Verwaltungsräten, S. 50.

170 Dies ergibt sich aus dem Zusammenspiel der §§ 394 und 395 AktG, *Weirauch*, DÖV 2024, S. 146 (148 f.); *Cronauge*, Kommunale Unternehmen, Rn. 278.

171 Auf Vorschlag des Aufsichtsrats gemäß § 124 Abs. 3 S. 1 AktG oder der Aktionäre gemäß § 127 Abs. AktG; der Vorstand hat dagegen kein Vorschlagsrecht, *Habersack* in MüKo AktG § 101 Rn. 15. Bei kommunalen Unternehmen werden die Vorschläge vor diesem Hintergrund regelmäßig durch den Beschluss der Kommunalvertretung nach § 113 Abs. 2 S. 1 GO NRW bestimmt.

in der Satzung vorgesehen ist[172], von den Aktionären in das Gremium entsendet, wobei die Satzung gemäß § 101 Abs. 2 S. 4 AktG für höchstens ein Drittel der Aufsichtsratsmitglieder der Aktionäre eine Entsendung vorsehen kann. Beschäftigt die AG mehr als 500 Arbeitnehmer, muss der Aufsichtsrat gemäß § 1 Abs. 1 Nr. 1 i. V. m. § 4 Abs. 1 DrittelbG zu einem Drittel, bei mehr als 2.000 Arbeitnehmern gemäß § 1 Abs. 1 i. V. m. § 7 Abs. 1 MitbestG[173] zur Hälfte mit Arbeitnehmervertretern besetzt werden. Die Wahl der Arbeitnehmervertreter erfolgt dabei durch die Arbeitnehmer des Unternehmens.[174]

Die Aktionäre - bei einer kommunalen AG also die Kommune - üben ihre Rechte gemäß § 118 Abs. 1 S. 1 AktG in der Hauptversammlung aus. § 119 Abs. 1 AktG beschränkt die Zuständigkeit der Hauptversammlung auf die ausdrücklich im Gesetz und - soweit vom Gesetz zugelassen - in der Satzung bestimmten Fälle, u. a. die Bestellung der Mitglieder des Aufsichtsrats[175] sowie die Änderung der Satzung. Die Vorschrift nimmt damit eine Negativabgrenzung vor, nach der weder eine subsidiäre Zuständigkeit der Hauptversammlung besteht, noch kann diese sich selbst weitere Kompetenzen zuweisen.[176] Insbesondere ist die Hauptversammlung grundsätzlich von der Geschäftsführung ausgeschlossen.[177]

---

172 Dies wird bei kommunalen AGs angesichts der Regelung des § 113 Abs. 3 S. 1 GO NRW regelmäßig der Fall sein.

173 Die im „Gesetz über die Mitbestimmung der Arbeitnehmer in Aufsichtsräten und Vorständen der Unternehmen des Bergbaus und der Eisen und Stahl erzeugenden Industrie (MontanMitbestG)“ vorgesehene Mitbestimmung dürfte für kommunale Unternehmen angesichts der betroffenen Branchen weitgehend ohne Bedeutung sein.

174 § 5 DrittelbG bzw. § 9 MitbestG.

175 Soweit diese nicht von den Aktionären entsendet oder im Rahmen der Mitbestimmung gewählt werden.

176 LG München, AG 2011, S. 211 (216); *Kubis* in MüKo AktG § 119 Rn. 9; *Tröger* in Kölner Kommentar AktG § 119 Rn. 1.

177 *Kubis* in MüKo AktG § 119 Rn. 9.

Die unmittelbaren Einflussmöglichkeiten der Kommune als Aktionärin einer AG sowohl auf deren Verwaltungsrat als auch insbesondere auf den Vorstand sind angesichts der vorstehenden Ausführungen sehr eingeschränkt.[178] Zur Sicherstellung eines angemessenen Einflusses verbleiben im Wesentlichen die Besetzung des Aufsichtsrats, zum Teil durch in der Satzung eingeräumte und von § 113 Abs. 3 S. 1 GO NRW geforderte Entsendungsrechte, sowie die von § 108 Abs. 1 S. 1 Nr. 7 GO NRW vorgesehene Verankerung des öffentlichen Zwecks in der Unternehmenssatzung.[179] Durch letztere sind die Mitglieder des Aufsichtsrats dem öffentlichen Zweck verpflichtet, agieren im Übrigen aber – wie dargestellt – weisungsfrei, sodass ihnen und ihrer Erfahrung und Sachkunde eine herausgehobene Bedeutung bei der Kontrolle und Steuerung einer kommunalen AG zukommt.

B. III. 3. Gesellschaft mit beschränkter Haftung

Die GmbH ist die am häufigsten anzutreffende privatrechtliche Rechtsform kommunaler Unternehmen.[180] Auch die GmbH besitzt gemäß § 13 Abs. 1 GmbHG eine eigene Rechtspersönlichkeit. Für ihre Verbindlichkeiten haftet gegenüber den Gläubigern gemäß § 13 Abs. 2 GmbHG allein das Gesellschaftsvermögen, sodass auch die GmbH die von § 108 Abs. 1 S. 1 Nr. 3 GO NRW geforderte Haftungsbegrenzung erfüllt. Der Gesellschaftsvertrag der GmbH muss gemäß § 3 Abs. 1 GmbHG als Mindestinhalte die Firma, den Sitz und den Gegenstand des Unternehmens, den Betrag des Stammkapitals sowie Zahl und Nennbeträge der Geschäftsanteile enthalten.

---

178 *Cronauge*, Kommunale Unternehmen, Rn. 300.

179 *Mayen*, DÖV 2001, S. 110 (114); *Weber* in Wurzel/Schraml/Gaß, Rechtspraxis KommUntern, Kap. D Rn. 686 ff.; *Bätge*, Arbeit in Aufsichts- und Verwaltungsräten, S. 28.

180 *Cronauge*, Kommunale Unternehmen, Rn. 269; *Bätge*, Arbeit in Aufsichts- und Verwaltungsräten, S. 22.

Das GmbHG sieht mit der Gesellschafterversammlung nach § 48 GmbHG und dem bzw. den Geschäftsführer/-n nach § 6 Abs. 1 GmbHG lediglich zwei Organe zwingend vor. In der Gesellschafterversammlung fassen die Gesellschafter gemäß § 48 Abs. 1 S. 1 GmbHG ihre Beschlüsse. Die grundsätzlichen Aufgaben der Gesellschafter sind in § 46 GmbHG (nicht abschließend)[181] geregelt und umfassen u. a. die Bestellung und Abberufung der Geschäftsführer (Nr. 5) sowie die Bestimmung von Maßregeln zur Prüfung und Überwachung der Geschäftsführung (Nr. 6). Allerdings eröffnet § 45 Abs. 1 S. 2 GmbHG die Möglichkeit, die Aufgaben und Kompetenzen der Gesellschafter sowohl zu beschränken, als auch zu erweitern[182], wodurch sich ein enormer Gestaltungsspielraum ergibt. Die Gesellschafter sind somit oberstes Willensbildungsorgan der GmbH, wodurch diese sich deutlich von der AG unterscheidet.[183]

Die Geschäftsführer vertreten gemäß § 35 Abs. 1 S. 1 GmbHG die Gesellschaft.[184] § 37 Abs. 1 GmbHG sieht jedoch die Möglichkeit vor, die Vertretung durch die Geschäftsführer per Gesellschaftsvertrag oder durch Gesellschafterbeschluss im Innenverhältnis zur Gesellschaft bzw. den Gesellschaftern zu begrenzen. Die Gesellschafter können mithin durch Ausgestaltung des Gesellschaftsvertrags oder durch Weisung den Grad der Eigenverantwortlichkeit der Geschäftsführer im Rahmen eines breiten Spektrums bestimmen. Von einer Konzentration weitgehend sämtlicher Kompetenzen auf die Gesellschafter und einer Degradierung der

181 *Liebscher* in MüKo GmbHG § 46 Rn. 2.

182 *Bayer* in Lutter/Hommelhoff GmbHG § 45 Rn. 5.

183 *Liebscher* in MüKo GmbHG § 45 Rn. 82; *Bayer* in Lutter/Hommelhoff GmbHG § 45 Rn. 4.

184 Anders als die Vertretung ist die Geschäftsführung im GmbHG nicht ausdrücklich geregelt, auch diese obliegt jedoch grundsätzlich den Geschäftsführern, *Stephan/Tieves* in MüKo GmbHG § 37 Rn. 4 m. w. N.

Geschäftsführer zu einem reinen Ausführungsorgan bis hin zu einer Ausstattung der Geschäftsführer mit einer Autonomie, die selbst die Eigenverantwortlichkeit des Vorstands einer AG übersteigt, sind dabei zahlreiche Varianten möglich.[185]

Als drittes Organ kann der Gesellschaftsvertrag gemäß § 52 Abs. 1 GmbHG einen Aufsichtsrat (sog. fakultativer Aufsichtsrat) vorsehen. Angesichts des von § 108 Abs. 1 S. 1 Nr. 6 GO NRW geforderten Einflusses der Kommune „insbesondere in einem Überwachungsorgan" wird bei kommunalen Unternehmen in der Rechtsform der GmbH regelmäßig ein (fakultativer) Aufsichtsrat eingerichtet.[186] Auf diesen sind die aktienrechtlichen Vorschriften für Aufsichtsräte von AGs entsprechend[187] anzuwenden, soweit der Gesellschaftsvertrag nichts anderes bestimmt. Der Aufsichtsrat hat dann grundsätzlich dieselben Kompetenzen, Rechte und Pflichten wie unter B. III. 2 dargestellt. Die entsprechenden Vorschriften des AktG können jedoch durch den Gesellschaftsvertrag abbedungen und abweichende Regelungen festgelegt werden.[188] Auch eine freiwillige Mitbestimmung durch Arbeitnehmervertreter, wie sie §§ 108a f. GO NRW zulassen, kann somit vorgesehen werden.[189]

Überschreitet die Anzahl der Arbeitnehmerinnen und Arbeitnehmer einer GmbH die Grenzen von 500 bzw. 2.000 ist gemäß

---

185 *Kleindiek* in Lutter/Hommelhoff GmbHG § 37 Rn. 1.

186 *Zieglmeier*, LKV 2005, S. 338 (339); *Bätge*, Arbeit in Aufsichts- und Verwaltungsräten, S. 24. Von einer durch § 108 Abs. 1 S. 1 Nr. 6 bewirkten zwingenden Verpflichtung zur Einrichtung eines fakultativen Aufsichtsrats kann jedoch wohl nicht ausgegangen werden, *Wellmann* in Rehn/Cronauge/von Lennep/Knirsch, Gemeindeordnung NRW, 48. EL 2019, § 108 Erl. IV. 5.

187 D. h. im Einzelfall unter Berücksichtigung der Besonderheiten der GmbH, *Spindler* in MüKo GmbHG § 52 Rn. 14; *Hommelhoff/Bayer* in Lutter/Hommelhoff GmbHG § 52 Rn. 5.

188 *Spindler* in MüKo GmbHG § 52 Rn. 10.

189 *Spindler* in MüKo GmbHG § 52 Rn. 82 ff; *Hommelhoff/Bayer* in Lutter/Hommelhoff GmbHG § 52 Rn. 2, 15.

§ 1 Abs. 1 Nr. 3 DrittelbG bzw. § 1 Abs. 1 Nr. 1 i. V. m. § 6 Abs. 1 MitbestG zwingend ein mitbestimmter (obligatorischer) Aufsichtsrat zu bilden. Die Anwendung der aktienrechtlichen Vorschriften erfolgt dann nicht mehr über § 52 Abs. 1 GmbHG, sondern über § 1 Abs. 1 Nr. 3 DrittelbG bzw. §§ 6 Abs. 2 und 25 Abs. 1 Nr. 2 MitbestG, wobei das MitbestG darüber hinaus auch eigene Regelungen zum Aufsichtsrat vorsieht[190]. Die Kompetenzen eines obligatorischen Aufsichtsrates können durch Gesellschaftsvertrag zwar erweitert, nicht aber beschnitten werden. Ebenso wenig kann für den obligatorischen Aufsichtsrat ein Weisungsrecht der Gesellschafterversammlung vorgesehen werden.[191] Auf Einzelheiten zum mitunter komplexen Zusammenspiel von DrittelbG bzw. MitbestG, GmbHG und AktG kann an dieser Stelle nicht eingegangen werden.[192]

Die GmbH zeigt sich insgesamt als überaus geeignete Rechtsform für kommunale Unternehmen, da sie die Haftung der Kommune begrenzt und gleichzeitig einen umfassenden Gestaltungsspielraum zur Herstellung eines angemessenen Einflusses der Kommune auf das Unternehmen bietet.[193] Den kommunalrechtlichen Anforderungen der §§ 108 (insbesondere Abs. 5) und 113 GO NRW kann daher umfassend Rechnung getragen werden. Neben der Zuständigkeit der Gesellschafter – also der Kommune[194] – für die Bestellung der Geschäftsführer und einem Weisungsrecht diesen

---

190 *Hommelhoff/Bayer* in Lutter/Hommelhoff GmbHG § 52 Rn. 140 ff.

191 *Lutter/Krieger/Verse*, Rechte und Pflichten des AR Rn. 1213; ein Weisungsrecht der Gesellschafterversammlung gegenüber den Geschäftsführern ist dagegen auch bei einer GmbH mit obligatorischem Aufsichtsrat möglich, *Hommelhoff/Bayer* in Lutter/Hommelhoff GmbHG § 52 Rn. 130 f.

192 Einzelheiten hierzu bei *Spindler* in MüKo GmbHG § 52 Rn. 15 ff.; *Hommelhoff/Bayer* in Lutter/Hommelhoff GmbHG § 52 Rn. 113 ff.

193 *Fleischer* in MüKo GmbHG § 1 Rn. 24.

194 Handelnd durch den Hauptverwaltungsbeamten oder die Kommunalvertretung, *Altmeppen*, NJW 2003, S. 2561 (2562 f.).

gegenüber kann der Gesellschaftsvertrag auch ein Weisungsrecht gegenüber dem (zumindest fakultativen) Aufsichtsrat vorsehen.[195] Ebenso können dessen Kompetenzen, Rechte und Pflichten flexibel festgelegt werden.[196] Ihre Grenzen hat die Regelungsfreiheit des Gesellschaftsvertrags hinsichtlich der Kompetenzen des Aufsichtsrats bei seiner Hauptaufgabe, der Überwachung der Geschäftsführung, da ohne diese Aufgabe kaum mehr von einem Aufsichtsrat gesprochen werden könnte.[197]

Die Stellung des fakultativen Aufsichtsrats einer kommunalen GmbH hängt damit maßgeblich von der konkreten Kompetenzzuweisung im Einzelfall ab. Die Bedeutung des obligatorischen Aufsichtsrats ist dagegen vergleichbar mit dem einer AG. Da dem Aufsichtsrat der GmbH – wie auch dem Verwaltungsrat der AöR und dem Aufsichtsrat der AG – jedoch stets die Überwachung der Geschäftsführung obliegt, ist die für die angemessene Ausübung dieser Aufgabe erforderliche Erfahrung und Sachkunde unabdingbar und entsprechend von hoher Bedeutung für die Kontrolle und Steuerung des Unternehmens.

---

195 Allerdings reicht es dabei grundsätzlich nicht aus, die jeweiligen aktienrechtlichen Vorschriften für Nichtanwendbar zu erklären. Vielmehr muss der Gesellschaftsvertrag regeln, was stattdessen gilt. Auch ohne ausdrückliche Regelung kann jedoch im Rahmen der Auslegung ein Weisungsrecht insbesondere angesichts der kommunalrechtlichen Vorgaben angenommen werden, BVerwG, NJW 2011, S. 3735 (3736); *Bätge*, Arbeit in Aufsichts- und Verwaltungsräten, S. 49. Kritisch zum Weisungsrecht für Mitglieder eines fakultativen Aufsichtsrates, da der Charakter des Organs als unabhängiges Überwachungsorgan abhandenkomme: *Lutter/Krieger/Verse*, Rechte und Pflichten des AR Rn. 1214; *Spindler* in MüKo GmbHG § 52 Rn. 250 m. w. N.

196 *Cronauge*, Kommunale Unternehmen, Rn. 309; *Bätge*, Arbeit in Aufsichts- und Verwaltungsräten, S. 33.

197 *Spindler* in MüKo GmbHG § 52 Rn. 293; *Hommelhoff/Bayer* in Lutter/Hommelhoff GmbHG § 52 Rn. 6.

C. Anforderungen an Erfahrung und Sachkunde kommunaler Aufsichts- und Verwaltungsräte

Die Ausführungen in Teil B. haben gezeigt, dass Aufsichts- und Verwaltungsräten eine wesentliche Bedeutung bei der Sicherstellung eines ausreichenden Einflusses der Kommunen auf kommunale Unternehmen zukommt und die in diesen Organen vorhandene Erfahrung und Sachkunde entscheidend für die sachgerechte Kontrolle und Steuerung kommunaler Unternehmen ist. § 113 Abs. 6 S. 1 GO NRW stellt auf kommunalrechtlicher Ebene in Nordrhein-Westfalen erstmals Anforderungen an die Erfahrung und Sachkunde von Vertretern der Kommunen in Organen kommunaler Unternehmen.[198] Nachfolgend wird diese Vorschrift insbesondere hinsichtlich der Fragen untersucht, ob es sich um eine reine Konkretisierung bereits bestehender gesellschaftsrechtlicher Anforderungen[199] handelt, ob – wie im Gesellschaftsrecht – auch Anforderungen an die Erfahrung und Sachkunde des Gesamtorgans gestellt werden sowie ob ein zusätzlicher Schutz vor Haftungsrisiken hergestellt wird (C. II.). Zur Beantwortung dieser Fragen sind zunächst die gesellschaftsrechtlichen Anforderungen zu betrachten (C. I.), um den Regelungsgehalt des § 113 Abs. 6 S. 1 GO NRW anschließend auf dieser Grundlage beurteilen zu können.

C. I. Gesellschaftsrechtliche Anforderungen

Das Gesellschaftsrecht, namentlich das AktG, formuliert keine ausdrücklichen gesetzlichen Anforderungen an die Sachkunde von Aufsichtsratsmitgliedern.[200] Dies darf jedoch nicht zu der

198 Zu den vergleichbaren Regelungen in den Ländern Brandenburg, Sachsen und Sachsen-Anhalt vgl. Anhang 1.

199 Landtag Nordrhein-Westfalen, LT-Drs. 17/16929, S. 3.

200 *Wilsing/Winkler* in Semler/v. Schenk/Wilsing AR-HdB § 2 Rn. 33; *Hopt/Roth* in Großkomm AktG § 100 Rn. 28 ff.

Annahme führen, dass eine gewisse Sachkunde für die Wahrnehmung der Aufsichtsratstätigkeit nicht erforderlich wäre. Vielmehr lassen sich entsprechende Mindestkenntnisse bzw. Anforderungen sowohl für das einzelne Mitglied als auch für das Gesamtorgan aus den in § 111 AktG geregelten Aufgaben des Aufsichtsrats und seiner Sorgfaltspflicht nach § 116 S. 1 AktG i. V. m. § 93 Abs. 1 S. 1 AktG ableiten.[201]

C. I. 1. Anwendungsbereich

Angesichts der Tatsache, dass sich die gesellschaftsrechtlichen Anforderungen an die Mindestkenntnisse von Aufsichtsratsmitgliedern aus dem AktG ergeben, finden diese auf die Aufsichtsräte von Aktiengesellschaften, über § 52 Abs. 1 GmbHG grundsätzlich auf die fakultativen sowie über § 1 Abs. 1 Nr. 3 DrittelbG bzw. § 25 Abs. 1 Nr. 2 MitbestG auf die obligatorischen Aufsichtsräte einer GmbH Anwendung.

Beim fakultativen Aufsichtsrat einer GmbH gilt jedoch auch insoweit, dass der Gesellschaftsvertrag von den aktienrechtlichen Vorschriften abweichende Regelungen zum anzulegenden Sorgfaltsmaßstab vorsehen kann[202], die sich entsprechend der Ausgestaltung im konkreten Einzelfall auch auf die zu fordernden Mindestkenntnisse auswirken können.

C. I. 2. Inhaltliche Anforderungen

In seiner Hertie-Entscheidung hat der BGH aus der Pflicht zur persönlichen Wahrnehmung des Mandats nach § 111 Abs. 6 AktG gefolgert, dass „mit diesem Gebot persönlicher und eigenverantwortlicher Amtsausübung [...] vorausgesetzt [ist], daß ein Aufsichtsratsmitglied diejenigen Mindestkenntnisse und -fähigkeiten besitzen oder sich aneignen muß, die es braucht, um alle normalerweise

201 *Semler* in FS K. Schmidt, 2009, S. 1489 (1490, 1494); *Dreher* in FS Hoffmann-Becking, 2013, S. 313 (316 f.).

202 *Spindler* in MüKo GmbHG § 52 Rn. 673.

anfallenden Geschäftsvorgänge auch ohne fremde Hilfe verstehen und sachgerecht beurteilen zu können.".[203] Im Ergebnis werden durch die Entscheidung des BGH von jedem einzelnen Aufsichtsratsmitglied gewisse Mindestkenntnisse verlangt, um insbesondere der Hauptaufgabe zur Überwachung der Geschäftsführung sachgerecht nachkommen zu können.[204] Das einzelne Mitglied schuldet mithin nicht nur die Sorgfalt und Sachkunde, die angesichts seiner Vorbildung erwartet werden kann.[205] Nicht verlangt werden kann vom einzelnen Aufsichtsratsmitglied hingegen, dass es über Kenntnisse auf allen Gebieten verfügt, auf denen der Aufsichtsrat im Rahmen seiner Aufgabenwahrnehmung tätig wird.[206] Da der Aufsichtsrat gleichwohl in seiner Gesamtheit in der Lage sein muss, die ihm obliegenden Aufgaben ordnungsgemäß wahrzunehmen[207], sind auch an die Kenntnisse des Aufsichtsrats als Gesamtorgan Anforderungen zu stellen, die über die von jedem einzelnen Aufsichtsratsmitglied zu fordernden Mindestkenntnisse hinausgehen.[208] Auf die Anforderungen an den Aufsichtsrat als Gesamtorgan wird in Teil D. näher eingegangen.

---

203 BGH, NJW 1983, S. 991 (991).

204 *Habersack* in MükoAktG § 116 Rn. 24; *Semler* in FS K. Schmidt, 2009, S. 1489 (1491).

205 *Habersack* in MükoAktG § 116 Rn. 24; *Hopt/Roth* in Großkomm AktG § 116 Rn. 33; *Cahn/Mertens* in Kölner Kommentar AktG § 116 Rn. 7.

206 *Habersack* in MükoAktG § 116 Rn. 24; *Hopt/Roth* in Großkomm AktG § 116 Rn. 35; *Cahn/Mertens* in Kölner Kommentar AktG § 116 Rn. 7.

207 *Hopt/Roth* in Großkomm AktG § 116 Rn. 35; entsprechend auch DCGK Grundsatz 11.

208 *Dreher* in FS Hoffmann-Becking, 2013, S. 313 (315).

Die vom einzelnen Aufsichtsratsmitglied zu fordernden Mindestkenntnisse hängen von Größe und Art des Unternehmens ab.[209] In der Literatur hat sich gleichwohl ein in weiten Teilen einheitliches Verständnis der in jedem Fall erforderlichen Mindestkenntnisse herausgebildet. Diese sind im Wesentlichen betriebswirtschaftlicher, bilanzrechtlicher und gesellschaftsrechtlicher Natur.

Mit Blick auf den betriebswirtschaftlichen Bereich muss das einzelne Aufsichtsratsmitglied mit wesentlichen Geschäftsabläufen und der Strategie des Unternehmens vertraut sein, über ein genaues Bild von der Lage und Entwicklung des Unternehmens verfügen sowie in der Lage sein, die Berichte des Vorstands[210] zu verstehen und zu würdigen.[211] Eine (regelmäßige) intensive Befassung mit den vorstehend genannten Aspekten ist daher unerlässlich. Ob darüber hinaus auch konkrete unternehmerische Erfahrung erforderlich ist, ist in der Literatur dagegen umstritten.[212]

Ferner muss jedes Aufsichtsratsmitglied in der Lage sein, den Jahresabschluss (und ggf. Konzernabschluss) unter Zuhilfenahme des

209 *Semler* in FS K. Schmidt, 2009, S. 1489 (1503); *Habersack* in MükoAktG § 116 Rn. 24; *Hopt/Roth* in Großkomm AktG § 116 Rn. 33; *Cahn/Mertens* in Kölner Kommentar AktG § 116 Rn. 7.

210 U. a. zur Finanz-, Investitions- und Personalplanung und dem Gang der Geschäfte nach § 90 Abs. 1 AktG sowie auf Verlangen des Aufsichtsrats nach § 90 Abs. 3 AktG; der Geschäftsführer einer GmbH mit fakultativem Aufsichtsrat hat mangels Verweises in § 52 Abs. 1 S. 1 GmbHG auf § 90 Abs. 1 und 2 AktG lediglich gem. § 90 Abs. 3 AktG auf Verlangen des Aufsichtsrats zu berichten.

211 *Habersack* in MükoAktG § 116 Rn. 25; *Hopt/Roth* in Großkomm AktG § 116 Rn. 37; *Cahn/Mertens* in Kölner Kommentar AktG § 116 Rn. 7.

212 Diese verneinend: *Habersack* in MükoAktG § 116 Rn. 25; *Hopt/Roth* in Großkomm AktG § 116 Rn. 35; dagegen deutlich für die Notwendigkeit unternehmerischer Erfahrung jedes einzelnen Mitglieds: *Semler* in FS K. Schmidt, 2009, S. 1489 (1501 f.) auch *Spindler* in Spindler/Stilz AktG § 100 Rn. 62; zumindest für ein Minimum an untermehreischer Erfahrung: *Roßkopf* in Goette/Arnold AR-HdB § 2 Rn. 63.

Prüfungsberichts des Abschlussprüfers zu verstehen und zu würdigen. Entsprechend sind Mindestkenntnisse im Bereich Rechnungslegung und Bilanzierung erforderlich, um die Bilanzansätze und die Darlegungen des Abschlussprüfers kritisch würdigen zu können.[213]

Schließlich muss jedes Aufsichtsratsmitglied über aktienrechtliche Grundkenntnisse verfügen, insbesondere in Bezug auf die Befugnisse von Vorstand und Aufsichtsrat, etwaige Haftungstatbestände bei Pflichtverletzung – u. a. nach § 93 Abs. 3 AktG – sowie die Straf- und Bußgeldvorschriften der §§ 399 ff. AktG.[214]

Ob mit der Mitgliedschaft in einem Ausschuss des Aufsichtsrats oder mit der Übernahme des Aufsichtsratsvorsitzes erhöhte Anforderungen an die Mindestkenntnisse einhergehen, ist umstritten.[215] Soweit das Mitglied eines Aufsichtsrats jedoch über die Mindestkenntnisse hinausgehende, beruflich erworbene Spezialkenntnisse besitzt, muss es diese gemäß Rechtsprechung des BGH und herrschender Literaturmeinung im Rahmen seiner Aufsichtsratstätigkeit einsetzen und es gilt ein entsprechend erhöhter Sorgfaltsmaßstab.[216]

---

213 *Habersack* in MükoAktG § 116 Rn. 25; *Hopt/Roth* in Großkomm AktG § 116 Rn. 36; *Semler* in FS K. Schmidt, 2009, S. 1489 (1501); *Feddersen*, AG 2000, S. 385 (389); anders mit Verweis auf § 100 Abs. 5 AktG und § 107 Abs. 4 AktG: *Cahn/Mertens* in Kölner Kommentar AktG § 116 Rn. 7.

214 *Habersack* in MükoAktG § 116 Rn. 25; *Cahn/Mertens* in Kölner Kommentar AktG § 116 Rn. 7.

215 Entsprechend höhere Anforderungen bejahend: *Habersack* in MükoAktG § 116 Rn. 26 f.; *Hopt/Roth* in Großkomm AktG § 116 Rn. 53 ff.; *Semler* in FS K. Schmidt, 2009, S. 1489 (1505); dagegen kritisch: *Cahn/Mertens* in Kölner Kommentar AktG § 116 Rn. 8 f.

216 BGH, NZG 2011, S. 1271 (1274); *Habersack* in MükoAktG § 116 Rn. 28; *Spindler* in Spindler/Stilz AktG § 116 Rn. 18; *Cahn/Mertens* in Kölner Kommentar AktG § 116 Rn. 63.

Einvernehmen besteht in Rechtsprechung und Literatur gleichfalls darüber, dass die Anforderungen an die Mindestkenntnisse für sämtliche Aufsichtsratsmitglieder, mithin also auch für Arbeitnehmervertreter gelten.[217] Ferner müssen die erforderlichen Mindestkenntnisse bereits bei Amtsantritt vorhanden sein.[218] Demnach müssen sie vom neuen Aufsichtsratsmitglied bis dahin erworben werden, soweit bei Wahl bzw. Entsendung noch nicht vorhanden; eine darüber hinausgehende Einarbeitungsfrist wird zum Teil abgelehnt.[219] Dies kann jedoch zu Härten führen, sodass insbesondere hinsichtlich der unternehmensspezifischen Kenntnisse eine gewisse Einarbeitungszeit durchaus zugestanden werden sollte.[220] Das Erfordernis, die Mindestkenntnisse durch Fortbildungsmaßnahmen laufend auf einem aktuellen Stand zu halten, entspricht der herrschenden Meinung.[221]

C. I. 3. Folgen nicht vorhandener Mindestkenntnisse

Das Vorliegen von Mindestkenntnissen gehört nicht zu den in §§ 100 und 105 AktG geregelten persönlichen Voraussetzungen für Aufsichtsratsmitglieder. Entsprechend handelt es sich bei einem Mangel an Mindestkenntnissen auch nicht um ein Bestellungshindernis, sodass die Wahl oder Entsendung eines Aufsichts-

---

217 BGH, NJW 1983, S. 991 (991); *Habersack* in MükoAktG § 116 Rn. 23; *Cahn/Mertens* in Kölner Kommentar AktG § 116 Rn. 4.

218 *Hommelhoff*, ZGR 1983, S. 551 (574 f.); *Habersack* in MükoAktG § 116 Rn. 24; *Hopt/Roth* in Großkomm AktG § 116 Rn. 262; *Semler* in FS K. Schmidt, 2009, S. 1489 (1499); *Koch* AktG § 116 Rn. 3; *Cahn/Mertens* in Kölner Kommentar AktG § 116 Rn. 7; BGH, NJW 1983, S. 991 (991).

219 *Hopt/Roth* in Großkomm AktG § 116 Rn. 262; *Semler* in FS K. Schmidt, 2009, S. 1489 (1499).

220 *Hommelhoff*, ZGR 1983, S. 551 (574).

221 *Cahn/Mertens* in Kölner Kommentar AktG § 116 Rn. 7; *Habersack* in MükoAktG § 116 Rn. 29 f.

ratsmitglieds, das nicht über die erforderlichen Mindestkenntnisse verfügt, gleichwohl wirksam ist.[222]

Vor dem Hintergrund der Tatsache, dass sich die Anforderungen an die Mindestkenntnisse aus den Aufgaben des Aufsichtsrats in Verbindung mit der Sorgfaltspflicht der Aufsichtsratsmitglieder ableiten, hat vielmehr jedes einzelne Aufsichtsratsmitglied für seine ausreichende Befähigung zur Wahrnehmung der Tätigkeit selbst einzustehen. Erfüllt es die Mindestanforderungen nicht, handelt es sich mithin um ein Übernahmeverschulden[223] und einen Verstoß gegen die Sorgfaltspflicht gemäß § 116 Abs. S. 1 AktG i. V. m. § 93 Abs. 1 S. 1 AktG.[224] Ferner kann auch ein Auswahlverschulden der übrigen Mitglieder vorliegen, wenn die Wahl des Aufsichtsratsmitglieds, das nicht über die erforderlichen Mindestkenntnisse verfügt, auf Vorschlag des Aufsichtsrats gemäß § 124 Abs. 3 S. 1 AktG erfolgt ist. Von einem Auswahlverschulden ist darüber hinaus auch dann auszugehen, wenn Wahlvorschläge des Aufsichtsrats nicht die Anforderungen an die Kenntnisse des Gesamtorgans berücksichtigen.[225]

Entsteht dem Unternehmen durch die nicht vorhandenen Mindestkenntnisse des Aufsichtsratsmitglieds ein Schaden, haftet dieses gemäß § 116 S. 1 AktG i. V. m. § 93 Abs. 2 S. 1 AktG bzw. bei einer GmbH entsprechend über § 52 Abs. 1 S. 1 GmbHG.[226] Die

---

222 *Habersack* in MükoAktG § 116 Rn. 22; *Hopt/Roth* in Großkomm AktG § 116 Rn. 39; *Semler* in FS K. Schmidt, 2009, S. 1489 (1494).

223 Bzw. um ein Verschulden wegen Nichtniederlegung, sofern das Mitglied schon im Amt ist, *Hopt/Roth* in Großkomm AktG § 116 Rn. 39.

224 *Habersack* in MükoAktG § 100 Rn. 17; *Feddersen*, AG 2000, S. 385 (389); *Groß-Bölting/Rabe* in Hölters/Weber AktG § 116 Rn. 12; *Hopt/Roth* in Großkomm AktG § 116 Rn. 39; *Cahn/Mertens* in Kölner Kommentar AktG § 116 Rn. 63.

225 *Habersack* in MükoAktG § 101 Rn. 17 f.; *Semler* in FS K. Schmidt, 2009, S. 1489 (1495 f.).

226 Zur möglichen Freistellung durch die Kommune vgl. unter C. II. 4.

Geltendmachung der Ansprüche erfolgt bei einer AG grundsätzlich durch den Vorstand.[227] Da mit Pflichtverletzungen des Aufsichtsrats bei seiner Überwachungstätigkeit regelmäßig auch Pflichtverletzungen des Vorstands einhergehen[228] und vor diesem Hintergrund die Gefahr besteht, dass der Vorstand etwaige Ersatzansprüche nicht verfolgt, hat gemäß § 147 Abs. 1 S. 1 AktG die Hauptversammlung die Möglichkeit, die Geltendmachung etwaiger Ansprüche durch den Vorstand zu erzwingen.[229] Bei einer GmbH erfolgt die Geltendmachung grundsätzlich durch die Gesellschafter.[230]

C. II. Anforderungen nach § 113 Abs. 6 S. 1 GO NRW

Die vorstehend beschriebenen Anforderungen entstammen dem bundesgesetzlichen Gesellschaftsrecht. Zu der Frage, ob und inwieweit landesgesetzliche Regelungen zur Sachkunde von Vertretern der Kommunen in Aufsichts- und Verwaltungsräten angesichts der in diesem Bereich grundsätzlich beim Bund angesiedelten Gesetzgebungskompetenz[231] zulässig sind, hat der parlamentarische Beratungs- und Gutachtendienst des Landes Nordrhein-Westfalen ein Gutachten erstellt.[232] Dabei kommt er zu dem Ergebnis dass eine landesgesetzliche Regelung zulässig ist, soweit sie die

---

227 *Arnold* in MükoAktG § 147 Rn. 1 m. w. N.

228 Im Einzelfall kann auch eine gewisse Befangenheit des Vorstands u. a. aufgrund enger Verbindungen zum Aufsichtsragt hinzukommen, *Trescher*, DB 1995, S. 661 (661).

229 *Ek/Kock* Haftungsrisiken Rn. 431 ff.; *Arnold* in MükoAktG § 147 Rn. 19.

230 In analoger Anwendung des § 46 Nr. 8 GmbhG, *Bayer* in Lutter/Hommelhoff GmbHG § 46 Rn. 35; *Lieder*, NZG 2015, S. 569 (577) m. w. N.

231 Zumindest liegt diese bei Unternehmen in Privatrechtsform beim Bund. Das Gutachten verweist entsprechend darauf, dass die GmbH die am häufigsten anzutreffende Rechtsform kommunaler Unternehmen ist.

232 Landtag Nordrhein-Westfalen, Information 17/363.

gesellschaftsrechtliche Rechtslage nicht modifiziert, sondern lediglich den durch das Gesellschaftsrecht gegebenen Gestaltungsspielraum näher ausgestaltet.[233] Entsprechend wird durch § 113 Abs. 6 S. 1 GO NRW lediglich das Binnenverhältnis zwischen Kommune und ihren Vertretern geregelt und damit eine weitere kommunalrechtliche Vorgabe für die wirtschaftliche Betätigung von Kommunen eingeführt, ohne dass dadurch ein Konflikt mit dem Bundesrecht entsteht.[234]

Nachfolgend werden Anwendungsbereich, Normadressaten und inhaltliche Anforderungen der Vorschrift sowie Folgen eines Verstoßes näher betrachtet.

C. II. 1. Anwendungsbereich

§ 113 Abs. 6 S. 1 GO NRW stellt Anforderungen an „die Vertreterinnen und Vertreter der Gemeinden", womit solche im Sinne des Abs. 1 gemeint sind. Dabei handelt es sich um Vertreter der Kommunen „in Beiräten, Ausschüssen, Gesellschafterversammlungen, Aufsichtsräten oder entsprechenden Organen juristischer Personen oder Personenvereinigungen"[235], an denen die Kommune beteiligt ist. Demzufolge sind neben Personenvereinigungen sowohl juristische Personen des öffentlichen Rechts – u. a. AöRs – als auch juristische Personen des Privatrechts – insbesondere AGs und GmbHs – von der Vorschrift umfasst; nicht aber der Betriebsausschuss des Eigenbetriebs, da der Eigenbetrieb weder eine juristische Person noch eine Personenvereinigung ist.[236]

§ 113 Abs. 6 S. 1 GO NRW formuliert somit ausdrücklich Anforderungen an die Erfahrung und Sachkunde von Vertretern in

233 Das Gutachten verweist hierzu insbesondere auf *Weber* in Wurzel/Schraml/Gaß, Rechtspraxis KommUntern, Kap. D Rn. 353 f.

234 Landtag Nordrhein-Westfalen, Information 17/363, S. 7.

235 Nachfolgend wird im Wesentlichen auf Aufsichts- und Verwaltungsräte abgestellt und diese Begriffe entsprechend verwendet.

236 *Wellmann* in Rehn/Cronauge/von Lennep/Knirsch, Gemeindeordnung NRW, 55. EL 2022, § 113 Rn. 7, 74.

Aufsichts- und Verwaltungsräten (sowie vergleichbaren Organen) sämtlicher juristischer Personen, an denen Kommunen beteiligt sind. Vor der Einführung des § 113 Abs. 6 S. 1 GO NRW wurden entsprechende oder vergleichbare Anforderungen vom nordrhein-westfälischen Kommunalrecht weder durch ausdrückliche gesetzliche Regelung noch durch Rechtsprechung gestellt.[237] Gleichzeitig waren und sind die gesellschaftsrechtlichen Anforderungen, die bereits vor der Einführung des § 113 Abs. 6 S. 1 GO NRW galten und weiterhin gelten, allein auf kommunale Unternehmen in Privatrechtsform anwendbar.[238] Führt die Gesetzesbegründung also aus, Kommunen hätten auch vor der Einführung des § 113 Abs. 6 S. 1 GO NRW nur Vertreter benennen dürfen, die über die erforderliche fachliche Eignung verfügten[239], ist dies ausschließlich in Bezug auf Vertreter in privatrechtlichen kommunalen Unternehmen zutreffend. Keine Anwendung können die gesellschaftsrechtlichen Anforderungen hingegen auf kommunale Unternehmen in öffentlich-rechtlichen Rechtsformen finden, die allein dem Kommunalrecht unterliegen[240]. Für diese werden durch die Einführung des § 113 Abs. 6 S. 1 GO NRW vielmehr erstmals Anforderungen an die Erfahrung und Sachkunde gestellt.[241] Im Ergebnis bewirkt § 113

237 *Held/Kotzea* in PdK NRW Bd. 1, § 113 Erl. 5.1; *Gotzen*, VR 2001, S. 163 (164); *Theisen* in Hofmann/Theisen/Bätge, Kommunalrecht in Nordrhein-Westfalen, S. 669.

238 Vgl. unter C. I. 1.

239 Landtag Nordrhein-Westfalen, LT-Drs. 17/16929, S. 3; der dortige Verweis auf *Schockenhoff* in MükoAktG § 394 Rn. 44 ist in diesem Zusammenhang nicht nachvollziehbar, sind dort doch die Berichte der Vertreter an die Gebietskörperschaft Gegenstand der Betrachtung, nicht aber deren Eignung, respektive Erfahrung und Sachkunde.

240 Vgl. unter B. III. 1.

241 Dass auch bereits in der Vergangenheit mitunter ggf. freiwillig Erfahrung und Sachkunde als Entscheidungskriterien bei der Besetzung von Organen juristischer Personen des öffentlichen Rechts herangezogen wurden, ist insoweit unbeachtlich. Eine Ausnahme hiervon bilden Sparkassen: An die Sachkunde der Verwaltungsräte

Abs. 6 S. 1 GO NRW insoweit nicht allein eine Ausgestaltung des vom Gesellschaftsrecht gesetzten Gestaltungsspielraums, sondern erweitert den Bereich kommunaler Unternehmen, für den Anforderungen an die Erfahrung und Sachkunde der Vertreter in Aufsichts- und Verwaltungsräten gestellt werden, auf öffentlich-rechtliche Rechtsformen.

Fraglich ist, ob die Anforderungen des § 113 Abs. 6 S. 1 GO NRW auch in den Fällen des § 113 Abs. 2 S. 2 und Abs. 3 S. 3 GO NRW Anwendung finden, in denen bei zwei oder mehr von der Kommunalvertretung zu bestellenden bzw. zu entsendenden Vertretern der Hauptverwaltungsbeamte oder eine von ihm vorgeschlagene beschäftigte Person der Kommune dazuzählen muss. Dem Wortlaut nach sind Hauptverwaltungsbeamte sowie von ihnen vorgeschlagene beschäftigte Personen der Kommune den Vertretern i. S. d. Absätze 1 und 6 zuzurechnen, sodass Anforderungen an ihre Erfahrung und Sachkunde zu stellen wären. Mit Blick auf die Intention des Gesetzgebers bei der Regelung des § 113 Abs. 2 S. 2 und Abs. 3 S. 3 GO NRW, ist jedoch das Ziel dieser Vorschriften, den Verwaltungssachverstand für die Organe kommunaler Unternehmen nutzbar zu machen.[242] Entsprechend könnte insoweit von speziellem Sachverstand auszugehen sein, der unabhängig von weiteren Anforderungen nach dem Willen des Gesetzgebers zwingend in den Organen vorhanden sein muss. Gleichwohl hat der

---

von Sparkassen wurden bereits zuvor durch § 12 Abs. 1 SpkG sowie § 25d Abs. 1 und 2 KWG Anforderungen gestellt. Diese weisen inhaltlich einen vergleichbaren Charakter wie die zuvor unter C. I. 2. beschriebenen Anforderungen auf. Insbesondere werden von Art und Größe der Sparkasse abhängige Anforderungen an die Sachkunde sowohl der einzelnen Mitglieder als auch des Gesamtorgans gestellt, *Engau* in Engau/Dietlein/Josten, SpkG NRW, 4. EL 2014, § 12 SpkG NRW Erl. 3.5; *Lebe*, Besetzung der Verwaltungsräte kommunaler Sparkassen, S. 29 f.

242 LT-Drs. 11/4983, Begründung S. 26 zu § 89a GO NRW als Vorläufer des § 113 GO NRW; VG Münster, NVwZ 2011, S. 741 (743); *Kaster* in BeckOK KommunalR NRW, GO NRW § 113 Rn. 18.

Gesetzgeber die Fälle des § 113 Abs. 2 S. 2 und Abs. 3 S. 3 GO NRW nicht ausdrücklich von der Anwendung des § 113 Abs. 6 S. 1 GO NRW ausgeschlossen, was als Indiz gegen ein solches Verständnis interpretiert werden kann. Hinzu kommt die beabsichtigte enge Anlehnung des § 113 Abs. 6 S. 1 GO NRW an die gesellschaftsrechtlichen Anforderungen[243], die die erforderlichen Mindestkenntnisse von jedem einzelnen Aufsichtsratsmitglied verlangen und Raum für ergänzende Spezialkenntnisse zwar über die Mindestkenntnisse hinaus, nicht aber an deren Stelle zulassen. Im Ergebnis ist wohl davon auszugehen, dass die Anforderungen des § 113 Abs. 6 S. 1 GO NRW auch in den Fällen des § 113 Abs. 2 S. 2 und Abs. 3 S. 3 GO NRW Anwendung finden.

Soweit an einem kommunalen Unternehmen in Privatrechtsform neben Kommunen auch private Dritte beteiligt sind, sind auf deren Vertreter im Aufsichtsrat die Anforderungen des § 113 Abs. 6 S. 1 GO NRW nicht anzuwenden; die Vorschrift zielt ausschließlich auf die Vertreter der Kommunen ab. Die gesellschaftsrechtlichen Anforderungen gelten – bei privatrechtlichen kommunalen Unternehmen – dagegen für sämtliche Mitglieder.

C. II. 2. Normadressat(en)

Lt. Gesetzesbegründung haben die für die Vergabe von Mandaten „zuständigen Gremien zu prüfen, ob die vorgesehene Person über die erforderlichen Kenntnisse, Fähigkeiten und fachlichen Erfahrungen verfügen, so dass die Funktion als Aufsichtsratsmitglied sorgfältig und gewissenhaft ausgeübt werden kann".[244] Bei unmittelbaren Beteiligungen – sowie grundsätzlich auch bei mittelbaren

243 Landtag Nordrhein-Westfalen, LT-Drs. 17/16929, S. 4.

244 Landtag Nordrhein-Westfalen, LT-Drs. 17/16929, S. 4; dabei verweist die Gesetzesbegründung auf die Literatur zur analogen Regelung in Sachsen-Anhalt, namentlich *Grimberg* in PdK SAn Bd. 1, § 131 KVG LSA, Erl. 1.

Beteiligungen[245] – ist gemäß § 113 Abs. 2 S. 1 GO NRW die Kommunalvertretung für die Bestellung der Vertreter im Sinne des Abs. 1 zuständig.[246] Die Kommunalvertretung hat somit bei der Besetzung von Aufsichts- und Verwaltungsräten zu prüfen, ob die Vertreter über die erforderliche Erfahrung und Sachkunde verfügen, und ist Normadressat des § 113 Abs. 6 S. 1 GO NRW.

Dies gilt jedoch nicht in den Fällen des § 113 Abs. 2 S. 2 und Abs. 3 S. 3 GO NRW. Eine Prüfung der erforderlichen Erfahrung und Sachkunde durch die Kommunalvertretung scheidet insoweit angesichts der ausdrücklichen Formulierung des Gesetzes[247] aus, da ihr keine Möglichkeit eingeräumt wird, die Bestellung bzw. Entsendung des Hauptverwaltungsbeamten oder der von ihm vorgeschlagenen bediensteten Person der Kommune abzulehnen.[248] Es erscheint allerdings sachgerecht, bei Hauptverwaltungsbeamten das Vorliegen der erforderlichen Erfahrung und Sachkunde regelmäßig anzunehmen, wie es auch in Bezug auf deren Mandate in Verwaltungsräten von Sparkassen praktiziert wird.[249] Einer Prüfung bedarf es daher insoweit in der Regel nicht. Dies gilt jedoch nicht in den Fällen, in denen Hauptverwaltungsbeamte eine bedienstete Person der Kommune vorschlagen. Vielmehr haben die Hauptverwaltungsbeamten bei deren Auswahl auf das Vorliegen

245 § 113 Abs. 2 S. 3 GO NRW.

246 *Wellmann* in Rehn/Cronauge/von Lennep/Knirsch, Gemeindeordnung NRW, 54. EL 2022, § 113 Rn. 46.

247 ...“muss der Bürgermeister oder der von ihm vorgeschlagene Bedienstete der Gemeinde dazuzählen.“.

248 Landtag Nordrhein-Westfalen,LT-Drs. 14/3979, S. 151; *Held/Kotzea* in PdK NRW Bd. 1, § 113 Erl. 6.3.

249 Voraussetzung ist insoweit, dass „sie vor oder seit ihrem Amtsantritt über einen längeren Zeitraum und in nicht unwesentlichem Umfang Tätigkeiten ausgeübt haben, die maßgeblich auf wirtschaftliche und rechtliche Fragestellungen ausgerichtet und nicht völlig nachgeordneter Natur waren“, BaFin, Merkblatt zu den Mitgliedern von Verwaltungs- oder Aufsichtsorganen, Rn. 107; *Engau* in Engau/Dietlein/Josten, SpkG NRW, 4. EL 2014, § 12 SpkG NRW Erl. 3.5.

der erforderlichen Erfahrung und Sachkunde zu achten und sind insoweit Normadressaten des § 113 Abs. 6 S. 1 GO NRW.

Neben der Kommunalvertretung (und in den o. g. Fällen dem Hauptverwaltungsbeamten), die die Erfahrung und Sachkunde der Vertreter zu prüfen hat, verpflichtet § 113 Abs. 6 S. 1 GO NRW auch letztere, selbst für ihre ausreichende Erfahrung und Sachkunde einzustehen und diese sicherzustellen. Hierfür spricht zunächst die beabsichtigte enge inhaltliche Anlehnung des § 113 Abs. 6 S. 1 GO NRW an die gesellschaftsrechtlichen Anforderungen[250], die dies entsprechend vorsehen[251]. Unterstützt wird dieses Verständnis zudem durch die zusammen mit § 113 Abs. 6 S. 1 GO NRW in Satz 3 eingeführte Verpflichtung der Vertreter, sich regelmäßig fortzubilden[252], also auch laufend eine ausreichende Erfahrung und Sachkunde zu gewährleisten. Die Vertreter selbst sind demnach neben der Kommunalvertretung als weitere Normadressaten anzusehen.

Aus § 113 Abs. 6 GO NRW eine sowohl bei der Kommunalvertretung als auch bei den Vertretern selbst angesiedelte Verpflichtung zur Sicherstellung der Anforderungen an die Erfahrung und Sachkunde abzuleiten, erscheint auch aus praktischen Erwägungen sinnvoll. So hat die Kommunalvertretung die Erfüllung der Anforderungen vor der Bestellung bzw. Entsendung der Vertreter zu prüfen, während die Vertreter geeignete Nachweise[253] ihrer

250 Landtag Nordrhein-Westfalen, LT-Drs. 17/16929, S. 4.

251 Vgl. unter C. I. 3.

252 § 113 Abs. 6 S. 2 GO NRW sieht in diesem Zusammenhang die Verpflichtung der Kommune vor, den Vertretern die Gelegenheit zur Teilnahem an entsprechenden Fortbildungsveranstaltungen zu geben.

253 Diese können zwecks Prüfung im Vorfeld der Bestellung bzw. Entsendung z. B. in Form von Lebensläufen, Studien- oder Ausbildungsnachweisen, Beschreibungen vorheriger Tätigkeiten o. ä. erbracht werden.

Erfahrung und Sachkunde für die Prüfung sowie laufend durch die Teilnahme an Fortbildungen zu erbringen haben.[254]

C. II. 3. Inhaltliche Anforderungen

§ 113 Abs. 6 S. 1 GO NRW fordert von den Vertretern der Kommune „die zur Wahrnehmung des Vertretungsamtes sowie die zur Beurteilung und Überwachung der Geschäfte, die das Unternehmen oder die Einrichtung betreibt, erforderliche betriebswirtschaftliche Erfahrung und Sachkunde". Lt. Gesetzesbegründung ist der Regelungsgehalt deckungsgleich mit den gesellschaftsrechtlichen Bestimmungen.[255] Im Wesentlichen kann daher hinsichtlich der inhaltlichen Anforderungen des § 113 Abs. 6 S. 1 GO NRW auf die Ausführungen unter C. I. 2. verwiesen und der Begriff der Sachkunde weitgehend mit den dort aufgeführten Mindestkenntnissen gleichgesetzt werden.

Jedoch hat der Gesetzgeber mit der Forderung auch nach betriebswirtschaftlicher Erfahrung eine Anforderung formuliert, deren Notwendigkeit im Rahmen der von jedem Aufsichtsratsmitglied zu verlangenden Mindestkenntnisse in der gesellschaftsrechtlichen Literatur umstritten ist.[256] Ob dies im Bewusstsein des insoweit nicht vorhandenen Konsenses in der Literatur geschehen ist, lässt sich der Gesetzesbegründung nicht entnehmen, geht sie doch auf den Begriff der betriebswirtschaftlichen Erfahrung nicht näher ein. Angesichts der ausdrücklichen Nennung der betriebswirtschaftlichen Erfahrung als zusätzlicher Anforderungen neben der Sachkunde wird ihr wohl eine eigenständige Bedeutung beizumessen

254 So sieht auch das SpkG NRW in § 12 Abs. 1 S. 1 eine Prüfung der erforderlichen Sachkunde durch den Träger der Sparkasse sowie deren Nachweis durch das potentielle Verwaltungsratsmitglied vor, *Engau* in Engau/Dietlein/Josten, SpkG NRW, 4. EL 2014, § 12 SpkG NRW Erl. 3.5.

255 Landtag Nordrhein-Westfalen, LT-Drs. 17/16929, S. 4.

256 Vgl. Fn. 212.

sein.[257] Soweit in der gesellschaftsrechtlichen Literatur betriebswirtschaftliche bzw. unternehmerische Erfahrung eines jeden Aufsichtsratsmitglieds für notwendig erachtet wird, wird der Begriff recht weit ausgelegt, sodass entsprechende Erfahrung sowohl in Unternehmen, bei der Beratung von Unternehmen – z. B. als Anwalt – oder auch in der Verwaltung erworben werden kann.[258]

Hinsichtlich des Umfangs und der Tiefe der Erfahrung und Sachkunde stellt die Formulierung des § 113 Abs. 6 S. 1 GO NRW einen Bezug zum konkreten kommunalen Unternehmen sowie zu den von diesem betriebenen Geschäften her und fordert lediglich die im Einzelfall „erforderliche" Erfahrung und Sachkunde, die entsprechend – wie im Gesellschaftsrecht – von Größe und Art des Unternehmens abhängt.[259]

Die Frage, ob die erforderliche betriebswirtschaftliche Erfahrung und Sachkunde bereits bei Amtsantritt vorliegen muss, ist angesichts des auch insoweit ausdrücklichen Bezugs in der Gesetzesbegründung zum Gesellschaftsrecht[260] grundsätzlich zu bejahen. Wie bereits unter C. I. 2. ausgeführt, sollte dabei gleichwohl zumindest hinsichtlich der unternehmensspezifischen Kenntnisse

---

257 Eine eigenständige Bedeutung des Merkmals „Erfahrung" mit der Begründung in Frage zu stellen, dass ohne entsprechende Erfahrung keine Bestellung in den Aufsichtsrat erfolgen könne (*Wellmann* in Rehn/Cronauge/von Lennep/Knirsch, Gemeindeordnung NRW, 55. EL 2022, § 113 Rn. 76), überzeugt dagegen nicht, ist dies doch die Natur einer gesetzlich formulierten Anforderung.

258 *Semler* in FS K. Schmidt, 2009, S. 1489 (1502.); ähnlich auch bei *Kaster*: Erfahrung kann durch Ausbildung, berufliche oder politische Vorbefassung erworben werden, in BeckOK KommunalR NRW, GO NRW § 113 Rn. 30e; etwas enger „Erfahrung in der Wirtschaft, gleich in welcher Position" *Spindler* in Spindler/Stilz AktG § 100 Rn. 62.

259 *Kaster* in BeckOK KommunalR NRW, GO NRW § 113 Rn. 30f; *Wellmann* in Rehn/Cronauge/von Lennep/Knirsch, Gemeindeordnung NRW, 55. EL 2022, § 113 Rn. 80.

260 Landtag Nordrhein-Westfalen, LT-Drs. 17/16929, S. 3.

eine gewisse Einarbeitungszeit zugestanden werden, um Härten zu vermeiden. Die Auffassung, angesichts im Übrigen drohender Schwierigkeiten für die Praxis den Erwerb der erforderlichen Sachkunde insgesamt erst nach Amtsantritt im Rahmen von Fortbildungen als ausreichend zu erachten[261], geht in diesem Zusammenhang allerdings zu weit.

Ob § 113 Abs. 6 S. 1 GO NRW lediglich Anforderungen an die betriebswirtschaftliche Erfahrung und Sachkunde der Vertreter als einzelnes Mitglied eines Aufsichts- oder Verwaltungsrats oder daneben auch Anforderungen an die Erfahrung und Sachkunde des Gesamtorgans stellt, ist weder dem Gesetzestext noch der Gesetzesbegründung eindeutig zu entnehmen. Für eine Beurteilung ist zunächst maßgeblich, ob es sich um ein ausschließlich mit kommunalen Vertretern besetztes Gremium handelt, oder ob diesem auch Vertreter privater Beteiligter angehören. § 113 Abs. 6 S. 1 GO NRW regelt lediglich das Verhältnis zwischen Kommunen und kommunalen Vertretern[262], kann mithin also keine Bindungswirkung für Vertreter von privaten Beteiligten und folglich auch nicht für ein gemischt (sowohl kommunal als auch privat) besetztes Gesamtorgan entfalten. Soweit an einem kommunalen Unternehmen in Privatrechtsform[263] neben einer oder mehreren Kommunen auch private Dritte beteiligt und im Aufsichtsrat vertreten sind, können demnach keine Anforderungen an die Erfahrung und Sachkunde des Aufsichtsrats als Gesamtorgan aus § 113 Abs. 6 S. 1 GO NRW abgeleitet werden. In solchen Konstellationen haben die Beteiligten bei der Besetzung des Aufsichtsrats gleichwohl (gemeinsam) die Anforderungen an die Erfahrung und Sachkunde des

261 *Wellmann* in Rehn/Cronauge/von Lennep/Knirsch, Gemeindeordnung NRW, 55. EL 2022, § 113 Rn. 81.

262 Vgl. unter C. II.

263 Dies ist Voraussetzung für das Vorliegen privater Beteiligter, da eine Beteiligung privater an einer AöR ausgeschlossen ist.

Gesamtorgans zu beachten, die sich dann allerdings ausschließlich aus dem Gesellschaftsrecht ergeben.

Anders verhält es sich bei kommunalen Unternehmen, an denen ausschließlich Kommunen beteiligt sind, mithin der Verwaltungsrat ausschließlich mit kommunalen Vertretern besetzt ist. § 113 Abs. 6 S. 1 GO NRW lässt sich dann auf sämtliche Mitglieder des Aufsichts- oder Verwaltungsrats anwenden. Neben der Anwendung auf das einzelne Mitglied lässt der Wortlaut von § 113 Abs. 6 S. 1 GO NRW nämlich gleichfalls eine Lesart zu, die neben Anforderungen an die Erfahrung und Sachkunde des einzelnen Vertreters auch Anforderungen an das Gesamtorgan als Gesamtheit der (kommunalen) Vertreter stellt.[264] Für eine solche Lesart spricht auch hier die beabsichtigte enge Anlehnung an die gesellschaftsrechtlichen Anforderungen, sodass neben Anforderungen an die einzelnen Vertreter auch darüber hinausgehende Anforderungen an die Erfahrung und Sachkunde des Gesamtorgans gestellt werden, die nicht zwangsläufig schon dann erfüllt sind, wenn die einzelnen Vertreter die an sie als einzelnes Mitglied gestellten Mindestanforderungen jeweils erfüllen.[265]

Im Ergebnis hat die Kommunalvertretung somit nicht nur die Verpflichtung, die von jedem einzelnen Vertreter zu fordernde Erfahrung und Sachkunde i. S. d. Mindestkenntnisse zu prüfen, sondern muss bei der Besetzung des Gesamtorgans darüber hinaus auch

---

264 „Die Vertreterinnen und Vertreter der Gemeinde haben…"; die Formulierung lässt sich dem Wortlaut nach sowohl auf einzelne Vertreter als auch auf deren Gesamtheit beziehen. Insoweit würden die Anforderungen zumindest bei kommunalen Unternehmen in Privatrechtsform neben die gleichgelagerten gesellschaftsrechtlichen Anforderungen treten. Bei kommunalen Unternehmen in öffentlich-rechtlicher Rechtsform, würden sich die Anforderungen an das Gesamtorgan allein aus § 113 Abs. 6 S. 1 GO NRW ergeben.

265 Vgl. unter C. I. 2.

stets darauf achten, dass die Anforderungen an dessen Erfahrung und Sachkunde insgesamt erfüllt werden.[266]

C. II. 4. Folgen nicht vorhandener Mindestkenntnisse

Bei den von § 113 Abs. 6 S. 1 GO NRW gestellten Anforderungen an die betriebswirtschaftliche Erfahrung und Sachkunde handelt es sich lt. Gesetzesbegründung um eine ausdrückliche Voraussetzung für die Bestellung bzw. Entsendung von Vertretern im Sinne des § 113 GO NRW.[267] Dies unterscheidet die Vorschrift von den gesellschaftsrechtlichen Anforderungen, die das Vorliegen der geforderten Mindestkenntnisse nicht zur Voraussetzung für die Bestellung bzw. Entsendung in einen Aufsichtsrat machen.[268]

Folglich ist – anders als im Gesellschaftsrecht[269] – vor der Bestellung oder Entsendung eine Prüfung, ob designierte Vertreter die Anforderungen an die betriebswirtschaftliche Erfahrung und Sachkunde erfüllen, zwingend durch die Kommunalvertretung[270] vorzunehmen. Einen formalisierten oder zertifizierten Sachkundenachweis, der entsprechende Kriterien enthält, sieht das Gesetz in

266 Bei öffentlich-rechtlichen Rechtsformen abgeleitet aus § 113 Abs. 6 S. 1 GO NRW, bei privatrechtlichen Rechtsformen abgeleitet aus dem Gesellschaftsrecht und ggf. in Abstimmungen mit weiteren am kommunalen Unternehmen beteiligten Kommunen oder privaten Dritten.

267 Landtag Nordrhein-Westfalen, LT-Drs. 17/16929, S. 3; *Kaster* in BeckOK KommunalR NRW, GO NRW § 113 Rn. 30b.

268 Vgl. unter C. I. 3.

269 Der Arbeitskreis Recht des Aufsichtsrats empfiehlt zumindest bei Wahlvorschlägen des Aufsichtsrats die Angabe, warum die Erfahrung und Sachkunde der vorgeschlagenen Person als ausreichend erachtet wird, *Arbeitskreis Recht des Aufsichtsrats*, NZG 2021, S. 477 (479).

270 Bzw. in den Fällen des § 113 Abs. 2 S. 2 und Abs. 3 S. 3 GO NRW durch den Hauptverwaltungsbeamten.

diesem Zusammenhang nicht vor.[271] Ein einheitlicher, standardisierter Nachweis erscheint angesichts der Abhängigkeit der erforderlichen Erfahrung und Sachkunde von Größe und Art des konkreten Unternehmens sowie der Schwierigkeit, messbare Kriterien zur Überprüfung festzulegen[272], auch nicht zielführend. Vielmehr wird es der Kommunalvertretung obliegen, vor der Bestellung bzw. Entsendung von Vertretern in Aufsichts- und Verwaltungsräte für den Einzelfall den unbestimmten Rechtsbegriff der erforderlichen betriebswirtschaftlichen Erfahrung und Sachkunde zu konkretisieren und sorgfältig zu prüfen, ob die Anforderungen erfüllt werden.[273] Da die Auslegung des unbestimmten Rechtsbegriffs inhaltlich der vollständigen gerichtlichen Nachprüfbarkeit unterliegt, sollten die im Einzelfall vorgenommene Konkretisierung der erforderlichen betriebswirtschaftlichen Erfahrung und Sachkunde sowie das Ergebnis der Prüfung der Kommunalvertretung möglichst dokumentiert werden.

Angesichts der Tatsache, dass § 113 Abs. 6 S. 1 GO NRW allein das Binnenverhältnis zwischen der Kommune und ihren Vertretern in

271 *Wellmann* in Rehn/Cronauge/von Lennep/Knirsch, Gemeindeordnung NRW, 55. EL 2022, § 113 Rn. 72; *Kaster* in BeckOK KommunalR NRW, GO NRW § 113 Rn. 30c.

272 *Feddersen*, AG 2000, S. 385 (389 f.).

273 *Kaster* in BeckOK KommunalR NRW, GO NRW § 113 Rn. 30c. Hinsichtlich der von jedem einzelnen Vertreter zu fordernden Erfahrung und Sachkunde, wird sich die Kommunalvertretung dabei an den gesellschaftsrechtlichen Mindestkenntnissen in Form juristischer Grundkenntnisse zu den Kompetenzen und Pflichten der Unternehmensorgane, den Grundkenntnissen in Rechnungslegung und Abschlussprüfung sowie den unternehmensspezifischen betriebswirtschaftlichen Kenntnissen orientieren können, vgl. unter C. I. 2. Es dürfte sich zudem anbieten, bei der Konkretisierung auf die Erfahrung des jeweiligen Aufsichts- bzw. Verwaltungsrats zurückzugreifen, vgl. unter E. II. 1.

Aufsichts- und Verwaltungsräten regelt[274], führt eine fehlerhafte Prüfung, durch die ein Vertreter in einen Aufsichts- oder Verwaltungsrat bestellt bzw. entsandt wird, ohne über die erforderliche betriebswirtschaftliche Erfahrung und Sachkunde zu verfügen, nicht zur Unwirksamkeit der Bestellung bzw. Entsendung. Vielmehr ist eine Abberufung erforderlich, die auch das Ergebnis einer Maßnahme der Kommunalaufsicht sein kann.[275]

Bei der vorstehend beschriebenen Prüfung ist neben der erforderlichen Erfahrung und Sachkunde designierter Vertreter auch die im Gesamtorgan erforderliche Erfahrung und Sachkunde und die dementsprechend anforderungsgerechte personelle Zusammensetzung des Aufsichts- bzw. Verwaltungsrats zu berücksichtigen.[276]

Hinsichtlich des lt. Gesetzesbegründung mit der Einführung des § 113 Abs. 6 S. 1 GO NRW intendierten Schutzes der Vertreter in Aufsichts- und Verwaltungsräten vor Haftungsansprüchen aufgrund von Schäden, die kommunalen Unternehmen aufgrund mangelnder Erfahrung und Sachkunde der Vertreter entstehen, ist zwischen öffentlich-rechtlichen und privatrechtlichen Rechtsformen zu unterscheiden. Bei kommunalen Unternehmen in Privatrechtsform werden in diesem Zusammenhang durch die Einführung des § 113 Abs. 6 S. 1 GO NRW keine von der bisherigen Rechtslage und dem Gesellschaftsrechtsrecht[277] abweichenden Ergebnisse induziert. Die gesellschaftsrechtlichen Anforderungen an die Mindestkenntnisse sowie die Verpflichtung der Aufsichtsratsmitglieder, für ihre eigene Befähigung einzustehen, galten bereits vor der Einführung des § 113 Abs. 6 GO NRW. Auch wenn die Kommunalvertretung die erforderliche Erfahrung und Sachkunde als Voraussetzung für die Bestellung bzw. Entsendung nunmehr zu

274 Landtag Nordrhein-Westfalen, LT-Drs. 17/16929, S. 4.

275 *Kaster* in BeckOK KommunalR NRW, GO NRW § 113 Rn. 30g.

276 Einzelheuten hierzu unter E. II. 1.

277 Vgl. unter C. I. 3.

prüfen hat, wird sich ein Vertreter, der diese Voraussetzungen nicht erfüllt und gleichwohl in einen Aufsichtsrat bestellt bzw. entsendet wurde, nicht allein auf die fehlerhafte Prüfung durch die Kommunalvertretung und deren Verschulden berufen können. Schließlich gilt auch insoweit, dass § 113 Abs. 6 S. 1 GO NRW lediglich das Binnenverhältnis zwischen der Kommune und ihren Vertretern regelt, mithin also keinen Einfluss auf gesellschaftsrechtliche Haftungsansprüche kommunaler Unternehmen in Privatrechtsform gegen Mitglieder ihrer Aufsichtsräte haben kann.

Für Vertreter der Kommunen in Verwaltungsräten kommunaler Unternehmen in der Rechtsform einer AöR existierten vor der Einführung des § 113 Abs. 6 S. 1 GO NRW hingegen keine gesetzlichen Anforderungen an ihre Erfahrung und Sachkunde.[278] Sie haften für Schäden der Anstalt gem. § 2 Abs. 4 KUV NRW i. V. m. § 43 Abs. 4 Buchst. a) GO NRW dann, wenn sie vorsätzlich oder grob fahrlässig ihre Pflicht verletzt haben.[279] Auf den ersten Blick scheint durch die Einführung des § 113 Abs. 6 S. 1 GO NRW insoweit ein zusätzlicher Schutz der Vertreter vor etwaigen Haftungsansprüchen hergestellt worden zu sein: Da nunmehr erstmals Anforderungen an die Erfahrung und Sachkunde in Verwaltungsräten von AöRs gestellt und idealerweise bei der Besetzung auch berücksichtigt werden[280], könnte sich die Wahrscheinlichkeit von Schäden, die den Anstalten durch mangelnde Erfahrung und Sachkunde der Vertreter im Verwaltungsrat entstehen, und damit auch das Risiko daraus

---

278 Vgl. unter C. II. 1.

279 Die Geltendmachung etwaiger Ansprüche gegen Verwaltungsratsmitglieder erfolgt durch den Vorstand, setzt jedoch einen Beschluss des Verwaltungsrats voraus. Kann ein solcher nicht erzielt werden, weil die Mitglieder sich selbst belasten, kann eine Zuständigkeit der Kommunalvertretung oder womöglich auch der Aufsichtsbehörde angenommen werden, *Müller*, KUV NRW, § 2 KUV Erl. 6.

280 Vgl. unter C. II. 1.

resultierender Haftungsansprüche gegen die Vertreter perspektivisch reduzieren.

In diesem Zusammenhang stellt sich jedoch die Frage, inwieweit im Falle nicht ausreichender Erfahrung und Sachkunde von grober Fahrlässigkeit (oder gar Vorsatz) des Vertreters ausgegangen werden kann. Gemäß Legaldefinition in § 45 Abs. 2 S. 3 Nr. 3 SGB X bedingt grobe Fahrlässigkeit eine Verletzung der erforderlichen Sorgfalt in besonders schwerem Maße. Die Rechtsprechung des BGH sieht den Tatbestand der groben Fahrlässigkeit als erfüllt an, wenn „es sich um eine auch subjektiv schlechthin unentschuldbare Pflichtverletzung [handelt], die das gewöhnliche Maß der Fahrlässigkeit [...] erheblich übersteigt".[281] Zwar verstößt ein Aufsichtsratsmitglied gegen seine Sorgfaltspflicht, wenn es die objektiv erforderlichen Anforderungen an seine Erfahrung und Sachkunde nicht erfüllt.[282] Gleiches gilt für die Mitglieder des Verwaltungsrats einer AöR.[283] Eine Pflichtverletzung in besonders schwerem Maße kann in diesem Zusammenhang jedoch wohl nur bei ganz offensichtlicher und sehr weitgehender fachlicher Ungeeignetheit angenommen werden, was in der Praxis eher die Ausnahme sein dürfte.[284]

Bei genauerer Betrachtung ist die Schutzwirkung des § 113 Abs. 6 S. 1 GO NRW für die kommunalen Vertreter in Verwaltungsräten von AöRs somit vergleichsweise gering. Wenn bei etwaigen Schäden aufgrund deren mangelnder Erfahrung und Sachkunde regelmäßig nicht von grober Fahrlässigkeit auszugehen ist, sind in

281 BGH, NJW 1988, S. 1265 (1266); 1992, S. 316 (317); 1992, S. 3235 (3236).

282 *Ek/Kock* Haftungsrisiken Rn. 617; *Lutter/Krieger/Verse*, Rechte und Pflichten des AR 1009 f.; *P. Doralt/W. Doralt* in Semler/v. Schenk/Wilsing AR-HdB § 16 Rn. 40 ff.

283 BGH, NVwZ 1986, S. 504 (505) zur Sorgfaltspflicht der Mitglieder der Kommunalvertretung, die über § 2 Abs. 4 KUV NRW für Mitglieder des Verwaltungsrats einer AöR entsprechend gilt.

284 So auch *Gotzen*, VR 2001, S. 163 (166).

diesen Fällen folglich auch die Voraussetzungen für eine Haftung der Vertreter gem. § 2 Abs. 4 KUV NRW i. V. m. § 43 Abs. 4 Buchst. a) GO NRW nicht erfüllt.

Angesichts der vorstehenden Erwägungen haben Vertreter in Aufsichts- und Verwaltungsräten kommunaler Unternehmen insgesamt ein geringes Risiko, für etwaige Schäden aufgrund mangelnder Erfahrung und Sachkunde haftbar gemacht zu werden. Während gegen sie im Verwaltungsrat einer AöR – wie vorstehend ausgeführt – regelmäßig erst gar kein Haftungsanspruch entsteht, werden etwaige Haftungsansprüche in den übrigen Fällen – insbesondere also in den Aufsichtsräten einer AG oder GmbH – nach § 113 Abs. 7 S. 1 GO NRW durch die Kommune ersetzt[285]. Eine Ausnahme hiervon bilden lediglich die in der Praxis wohl eher seltenen Fälle grober Fahrlässigkeit.

Ein zusätzlicher Schutz der Vertreter in Aufsichts- und Verwaltungsräten kommunaler Unternehmen vor Haftungsansprüchen aufgrund von Schäden, die aus mangelnder Erfahrung und Sachkunde resultieren, wird daher von § 113 Abs. 6 S. 1 GO NRW insgesamt nur in sehr geringem Umfang hergestellt. Ein solcher Schutz erscheint vor dem Hintergrund der Haftungsfreistellung nach § 113 Abs. 7 GO NRW jedoch auch nicht erforderlich. Betrachtet man die Haftungsrisiken aus der Perspektive der Kommune, kommt man dagegen zu einem anderen Ergebnis: Wenn durch die von § 113 Abs. 6 S. 1 GO NRW erstmals ausdrücklich gesetzlich formulierten Anforderungen die Erfahrung und Sachkunde der Vertreter in Aufsichts- und Verwaltungsräten kommunaler Unternehmen in der Praxis steigt, wird damit die Wahrscheinlichkeit von Schäden aufgrund mangelnder Erfahrung und Sachkunde reduziert, für welche die Kommune bei AöRs letztendlich im Rahmen der Gewährträgerhaftung[286] haftet, oder im Übrigen die Haftung gemäß § 113

285 Vgl. unter B. II. 5.

286 Vgl. unter B. III. 1.

Abs. 7 GO NRW regelmäßig zu übernehmen hat. Aus Sicht der Kommunen unterstreicht dies die Notwendigkeit einer eingehenden Prüfung der erforderlichen Erfahrung und Sachkunde vor der Bestellung bzw. Entsendung von Vertretern in Aufsichts- und Verwaltungsräte kommunaler Unternehmen.

C. III. Fazit zu den Anforderungen an Erfahrung und Sachkunde kommunaler Aufsichts- und Verwaltungsräte

Die genaue Betrachtung des § 113 Abs. 6 S. 1 GO NRW sowie der Vergleich mit den gesellschaftsrechtlichen Anforderungen an die Mindestkenntnisse von Aufsichtsräten dienten der Beantwortung der Fragen, ob es sich bei der Vorschrift im Ergebnis lediglich um eine Konkretisierung bereits zuvor bestehender Anforderungen handelt, ob Anforderungen an die Erfahrung und Sachkunde sowohl des einzelnen Vertreters als auch des Gesamtorgans gestellt werden und ob ein zusätzlicher Schutz vor Haftungsrisiken hergestellt wird.

Dabei hat sich insbesondere gezeigt, dass mit der Einführung des § 113 Abs. 6 S. 1 GO NRW erstmals Anforderungen an die Erfahrung und Sachkunde von Verwaltungsräten und vergleichbaren Überwachungsorganen kommunaler Unternehmen in öffentlich-rechtlichen Rechtsformen formuliert werden, für die die zuvor bereits bestehenden gesellschaftsrechtlichen Anforderungen keine Geltung besitzen. Ferner handelt es sich bei den Anforderungen des § 113 Abs. 6 S. 1 GO NRW – anders als bei den gesellschaftsrechtlichen Anforderungen – um ausdrückliche Voraussetzungen für die Bestellung bzw. Entsendung von Vertretern in Aufsichts- und Verwaltungsräte kommunaler Unternehmen, die eine Prüfung durch die Kommunalvertretung erfordern. Hinsichtlich dieser beiden

Aspekte geht § 113 Abs. 6 S. 1 GO NRW gewiss über eine reine Konkretisierung bereits zuvor bestehender Anforderungen hinaus.[287]

Mit der Anforderung an die betriebswirtschaftliche Erfahrung zusätzlich zur Sachkunde formuliert § 113 Abs, 6 S 1. GO NRW anspruchsvollere Voraussetzungen als dies Teile der gesellschaftsrechtlichen Literatur tun, in der die Notwendigkeit betriebswirtschaftlicher bzw. unternehmerischer Erfahrung umstritten ist.

Die Frage, ob aus § 113 Abs. 6 S. 1 GO NRW nicht nur Anforderungen an die Erfahrung und Sachkunde des einzelnen Mitglieds, sondern zusätzlich auch an die Erfahrung und Sachkunde des Aufsichts- bzw. Verwaltungsrats als Gesamtorgan abzuleiten sind, ist zu bejahen, soweit es sich um ein ausschließlich mit kommunalen Vertretern besetztes Gremium handelt. Entsprechend ist neben den von jedem einzelnen Vertreter zu fordernden Mindestkenntnissen bei der Besetzung auch stets[288] auf die Zusammensetzung des Gesamtorgans mit komplementärer, sich ergänzender Erfahrung und Sachkunde zu achten, worauf im nächsten Teil näher eingegangen wird.

Schließlich wird der lt. Gesetzesbegründung angestrebte Schutz vor Haftungsansprüchen aufgrund von Schäden, die auf mangelnde Erfahrung und Sachkunde der Vertreter in Aufsichts- und Verwaltungsräten zurückzuführen sind, weniger für die Vertreter selbst als vielmehr für die Kommunen hergestellt. Da insoweit regelmäßig nicht von grober Fahrlässigkeit der Vertreter auszugehen ist, entsteht entweder erst gar kein Haftungsanspruch gegen die Vertreter oder ein solcher Anspruch ist von der Kommune gem. § 113 Abs. 7 GO NRW zu übernehmen. Nimmt man eine durch die Anforderungen des § 113 Abs. 6 S. 1 GO NRW zukünftig erhöhte Erfahrung und Sachkunde kommunaler Vertreter an, könnte dies

287 Ohne dabei jedoch auf unzulässige Weise den unter C.II. skizzierten Gestaltungsspielraum zu verlassen, der dem Landesgesetzgeber insoweit zugestanden wird.

288 Durch die Einführung des § 113 Abs. 6 S. 1 GO NRW nunmehr auch bei öffentlich-rechtlichen Rechtsformen.

die Wahrscheinlichkeit solcher Haftungsübernahmen durch die Kommune reduzieren.

D. Anforderungsprofil für die Besetzung von Aufsichts- und Verwaltungsräten kommunaler Unternehmen

Wie Teil C. gezeigt hat, stellen das Gesellschaftsrecht und nunmehr in Nordrhein-Westfalen auch das Kommunalrecht nicht nur Mindestanforderungen an die Erfahrung und Sachkunde jedes einzelnen Mitglieds eines Aufsichts- bzw. Verwaltungsrats, sondern ebenso darüber hinausgehende Anforderungen an die Erfahrung und Sachkunde des Gesamtorgans. Die Anforderungen an jedes einzelne Mitglied und die an das Gesamtorgan sind dabei strikt voneinander zu unterscheiden.[289] Ursächlich hierfür ist im Wesentlichen, dass nicht von jedem einzelnen Mitglied Kenntnisse in sämtlichen Bereichen verlangt werden können, in denen der Aufsichts- bzw. Verwaltungsrat tätig wird.[290] Gleichwohl muss dieser so besetzt werden, dass die Mitglieder im Rahmen ihres arbeitsteiligen Zusammenwirkens die dem Gesamtorgan obliegenden Aufgaben ordnungsgemäß wahrnehmen können.[291] Dies sieht auch Grundsatz 11 des DCGK vor, dessen Inhalte für nicht kapitalmarktorientierte Unternehmen – also auch für die meisten kommunalen Unternehmen – zwar nicht verpflichtend sind, jedoch der Orientierung dienen können.[292] In Anbetracht der Tatsache, dass sich das Erfordernis einer entsprechenden Besetzung aus der Gesetzeslage und dem Aufgabenkatalog des Aufsichts- bzw. Verwaltungsrats ableiten lassen, ist diese jedoch stets für sämtliche – und damit

---

289 *Dreher* in FS Hoffmann-Becking, 2013, S. 313 (313).

290 *Habersack* in MükoAktG § 116 Rn. 24; *Semler* in FS K. Schmidt, 2009, S. 1489 (1504 f.); *Lutter/Krieger/Verse*, Rechte und Pflichten des AR Rn. 59.

291 *Hopt/Roth* in Großkomm AktG § 116 Rn. 35; *Wilsing/Winkler* in Semler/v. Schenk/Wilsing AR-HdB § 2 Rn 39; *Roßkopf* in Goette/Arnold AR-HdB § 2 Rn. 62.

292 DCGK Präambel; dies gilt insbesondere auch für kommunale Unternehmen, *Tscheuschner*, DVP 2018, S. 171 (172).

auch kommunale – Unternehmen verpflichtend.[293] Eine insoweit mangelhafte Besetzung kann folglich Schadenersatzansprüche begründen.[294]

Der Aufsichts- bzw. Verwaltungsrat ist vor diesem Hintergrund so zu besetzen, dass die Erfahrung und Sachkunde der einzelnen Mitglieder zusammengenommen alle für das konkrete Unternehmen erforderlichen Bereiche abdeckt.[295] Nur so ist das Gesamtorgan dem Vorstand[296] fachlich gewachsen und kann diesem möglichst auf Augenhöhe begegnen.[297] Um hierfür die notwendigen Voraussetzungen zu schaffen, muss daher die im Gesamtorgan erforderliche Erfahrung und Sachkunde zunächst bestimmt[298] und in einem Anforderungsprofil festgehalten werden.[299] Das

---

293 *Wilsing/Winkler* in Semler/v. Schenk/Wilsing AR-HdB § 2 Rn 39; *Dreher* in FS Hoffmann-Becking, 2013, S. 313 (316 f.).

294 In erster Linie Ansprüche des Unternehmens gegen die Aufsichtsratsmitglieder, soweit der Aufsichtsrat aufgrund seiner Vorschläge für die Besetzung von freien Aufsichtsratsmandaten für eine mangelhafte Besetzung verantwortlich ist. Allerdings wird es regelmäßig schwierig sein, etwaige Ansprüche nachzuweisen und durchzusetzen, was umso mehr für die theoretisch ebenfalls denkbare Geltendmachung von Haftungsansprüchen gegen Aktionäre bzw. Gesellschafter gilt, deren Vorschläge zu einer mangelhaften Besetzung des Aufsichtsrats geführt haben, *Dreher* in FS Hoffmann-Becking, 2013, S. 313 (324); *Feddersen*, AG 2000, S. 385 (389).

295 *Scheffler*, AG 1995, S. 207 (209); *Feddersen*, AG 2000, S. 385 (389); *Lutter/Krieger/Verse*, Rechte und Pflichten des AR Rn. 59; *Schoppen*, Unternehmenszukunft, S. 43.

296 Bzw. bei einer GmbH dem/den Geschäftsführer(n). Nachfolgend wird aus Gründen der Lesbarkeit allein der Begriff „Vorstand" verwendet.

297 *Lutter*, NJW 1995, S. 1133 (1133); *Schoppen*, Unternehmenszukunft, S. 48; *Ludwig*, Aufsichtsräte in kommunalen Unternehmen, Rn. 307.

298 *Lutter*, DB 2009, S. 775 (778).

299 *Roßkopf* in Goette/Arnold AR-HdB § 2 Rn. 62; *Wilsing/Winkler* in Semler/v. Schenk/Wilsing AR-HdB § 2 Rn. 39; *Dreher* in FS Hoffmann-Becking, 2013, S. 313 (317 f.); *Lutter/Krieger/Verse*, Rechte und

Anforderungsprofil sollte dabei regelmäßig vom Aufsichtsrat in Abstimmung mit den Anteilseignern, bei kommunalen Unternehmen also mit der Kommune, erstellt werden.[300] Die Erfahrung und Sachkunde der Arbeitsnehmervertreter kann bei der Erfüllung der Anforderungen berücksichtigt werden.[301]

Wie bereits ausgeführt, leiten sich die Anforderungen an die Erfahrung und Sachkunde des Aufsichts- bzw. Verwaltungsrats aus dessen Aufgaben, insbesondere der Überwachungsaufgabe ab. Nachfolgend werden zunächst die wesentlichen Inhalte der Überwachungsaufgabe dargestellt (D. I.), um auf dieser Grundlage anschließend einige Bereiche zu identifizieren, in denen Erfahrung und Sachkunde bzw. Kenntnisse regelmäßig für eine den Anforderungen an das Gesamtorgan entsprechende Besetzung von Aufsichts- und Verwaltungsräten kommunaler Unternehmen erforderlich sein dürften (D. II.).

Pflichten des AR Rn. 27; *Schoppen,* Unternehmenszukunft, S. 52 f.; *Gotzen,* VR 2001, S. 163 (166). Eine Empfehlung zur Erarbeitung eines Kompetenzprofils – durch den Aufsichtsrat selbst – enthält auch der DCGK in Empfehlung C.1. Dabei soll in Bezug u. a. auf das Alter und das Geschlecht auch auf Diversität geachtet werden, *Fleischmann* in Ghassemi-Tabar DCGK Empf. C.1 Rn. 8.

300 *Lutter,* DB 2009, S. 775 (778). Da die Kommunalvertretung sowohl für die Besetzung als auch für die Prüfung der Anforderungen an die Erfahrung und Sachkunde verantwortlich ist, sollte diese auch auf Seiten der Kommune die Abstimmung des Anforderungsprofils mit dem Aufsichtsrat vornehmen; Einzelheiten zum Prozess unter E. II. 1.

301 *Dreher* in FS Hoffmann-Becking, 2013, S. 313 (321).

D. I. Die Überwachungsaufgabe des Aufsichts- bzw. Verwaltungsrats

Die Überwachung der Geschäftsführung des Vorstands ist in § 111 Abs. 1 AktG bzw. für die AöR in § 114a Abs. 7 S. 1 GO NRW geregelt und die wichtigste und unabdingbare Aufgabe des Aufsichts- bzw. Verwaltungsrats.[302] Sie dient insbesondere der Aufdeckung und Verhinderung von Fehlern.[303] Gegenstand der Überwachung sind dabei die Leitungs- und wesentlichen Einzelmaßnahmen des Vorstands, nicht dagegen das operative Tagesgeschäft.[304] Die zu überwachende Geschäftsführung umfasst demnach insbesondere die Politik, Strategie und Planung des Unternehmens, seine Organisation und Finanzierung sowie die Besetzung der Führungspositionen; auch die durch die Geschäftsführung des Vorstands erzielten Ergebnisse sind zu überwachen.[305] Die Überwachungsaufgabe setzt sich aus einer vergangenheitsbezogenen Kontrolle und einer

---

302 *Habersack* in MükoAktG § 111 Rn. 1; *M. Arnold* in Goette/Arnold AR-HdB § 4 Rn. 4; *Lutter/Krieger/Verse,* Rechte und Pflichten des AR Rn. 61; zur Unabdingbarkeit der Aufgabe bei einer AöR und einer GmbH mit fakultativem Aufsichtsrat vgl. unter B. III. 1. bzw. B. III. 3. Da die Überwachungsaufgabe sowohl für den kommunalrechtlich bestimmten Verwaltungsrat einer AöR als auch für den Aufsichtsrat einer AG oder GmbH inhaltlich dieselbe ist, kann davon ausgegangen werden, dass Ausführungen der gesellschaftsrechtlichen Literatur zur inhaltlichen Ausgestaltung der Überwachungsaufgabe auch auf den Verwaltungsrat einer AöR weitgehend zutreffen.

303 *Lutter/Krieger/Verse,* Rechte und Pflichten des AR Rn. 62.

304 OLG Stuttgart, GWR 2012, S. 491 (491); *Habersack* in MükoAktG § 111 Rn. 20; *M. Arnold* in Goette/Arnold AR-HdB § 4 Rn. 11; *Lutter/Krieger/Verse,* Rechte und Pflichten des AR Rn. 65, 68; *v. Schenk* in Semler/v. Schenk/Wilsing AR-HdB § 6 Rn. 49.

305 *Lutter/Krieger/Verse,* Rechte und Pflichten des AR Rn. 63.

zukunftsgerichtete Beratung des Vorstands durch den Aufsichts- bzw. Verwaltungsrat zusammen.[306]

D. I. 1. Vergangenheitsbezogene Kontrolle

Prüfungsmaßstab für die vergangenheitsbezogene Kontrolle sind die Rechtmäßigkeit, Ordnungsmäßigkeit, Wirtschaftlichkeit und Zweckmäßigkeit der Geschäftsführung des Vorstands.[307] Die Rechtmäßigkeit betrifft die Legalität der Geschäftsführung und soll sicherstellen, dass diese im Einklang mit dem Gesellschaftsrechts, der Satzung sowie den weiteren für das jeweilige Unternehmen geltenden Gesetzen erfolgt.[308] Bei kommunalen Unternehmen sind insbesondere auch die kommunalrechtlichen Regelungen zu beachten. Der Aufsichts- bzw. Verwaltungsrat ist im Ergebnis mitverantwortlich für die Einhaltung von Gesetz und Recht.[309] Die Ordnungsmäßigkeit der Geschäftsführung setzt eine nach Größe, Struktur und Art des Unternehmens angemessene Organisation[310] und entsprechende Planung[311] voraus. Im Rahmen der Wirtschaftlichkeit muss die Geschäftsführung u. a. die Liquidität, Finanzierung und Ertragskraft des Unternehmens sicherstellen

---

306 *Dreher* in FS Hoffmann-Becking, 2013, S. 313 (316); *Habersack* in MükoAktG § 111 Rn. 12; *Lutter/Krieger/Verse*, Rechte und Pflichten des AR Rn. 62.

307 *Groß-Bölting/Rabe* in Hölters/Weber AktG § 116 Rn. 18; *Cahn/Mertens* in Kölner Kommentar AktG § 111 Rn. 14; *M. Arnold* in Goette/Arnold AR-HdB § 4 Rn. 85; *Lutter/Krieger/Verse*, Rechte und Pflichten des AR Rn. 73.

308 BGH, NZG 2010, S. 1186 (1188); *Habersack* in MükoAktG § 111 Rn. 53; *Lutter/Krieger/Verse*, Rechte und Pflichten des AR Rn. 74; *Semler*, Überwachung der Aktiengesellschaft, Rn. 186.

309 *Lutter* in AG 2006, S. 517 (519).

310 BGH, GWR 2012, S. 445 (445); *Lutter/Krieger/Verse*, Rechte und Pflichten des AR Rn. 79.

311 *Semler* in ZGR 1983, 1 (16 ff.); *Koch* AktG § 111 Rn. 29; *M. Arnold* in Goette/Arnold AR-HdB § 4 Rn. 88.

und dessen Bestand und Rentabilität gewährleisten.[312] Aufsichts- und Verwaltungsräte kommunaler Unternehmen haben insoweit den Vorrang des öffentlichen Zwecks vor der Gewinnerzielung zu beachten.[313] Ein auch gesellschaftsrechtliches Fundament erhalten sie dabei durch die Überwachung der Zweckmäßigkeit der Geschäftsführung, die möglichst effektiv und effizient erfolgen muss, wobei das Unternehmensinteresse als Handlungsmaxime fungiert.[314] Bei kommunalen Unternehmen wird das Unternehmensinteresse wesentlich vom öffentlichen Zweck bestimmt, der gem. § 108 Abs. 1 S. 1 Nr. 7 GO NRW in der Satzung bzw. dem Gesellschaftsvertrag zu verankern ist.[315] Vor diesem Hintergrund und angesichts der besonderen Bedeutung des öffentlichen Zwecks für die Betätigung kommunaler Unternehmen haben deren Aufsichts- bzw. Verwaltungsräte die Geschäftsführung daher in besonderem Maße hinsichtlich ihrer Zweckmäßigkeit zu überwachen, ohne dabei den zwar nachrangigen, aber auch im Kommunalrecht geltenden Wirtschaftlichkeitsgrundsatz[316] zu vernachlässigen.

Grundlage für die Kontrolle durch den Aufsichts- bzw. Verwaltungsrat sind die Berichte des Vorstands nach § 90 Abs. 1 AktG, u. a. zur Finanz-, Investitions- und Personalplanung (Nr. 1), zur Rentabilität des Unternehmens (Nr. 2), zum Gang der Geschäfte (Nr. 3) sowie zu besonders bedeutsamen Geschäften (Nr. 4).[317]

---

312 *Habersack* in MükoAktG § 111 Rn. 53; *Koch* AktG § 111 Rn. 19; *Lutter/Krieger/Verse*, Rechte und Pflichten des AR Rn. 89; *M. Arnold* in Goette/Arnold AR-HdB § 4 Rn. 90; *Semler*, Überwachung der Aktiengesellschaft, Rn. 191.

313 § 109 Abs. 1 GO NRW, vgl. unter B. II. 4.

314 BGH, NJW 1997, S. 2815 (2816); *M. Arnold* in Goette/Arnold AR-HdB § 4 Rn. 91; *Semler*, Überwachung der Aktiengesellschaft, Rn. 192.

315 Vgl. unter B. II. 2.

316 § 109 Abs. 1 GO NRW.

317 *Cahn/Mertens* in Kölner Kommentar AktG § 111 Rn. 52; *Lutter/Krieger/Verse*, Rechte und Pflichten des AR Rn. 66; *M. Arnold* in Goette/Arnold AR-HdB § 4 Rn. 24. Zur Berichtspflicht des Geschäftsführers einer GmbH mit fakultativem Aufsichtsrat – vorbehaltlich einer

Zudem dienen der Jahresabschluss und der Lagebericht, die der Aufsichtsrat gem. § 171 Abs. 1 AktG bzw. der Verwaltungsrat gem. § 114a Abs. 7 S. 3 Nr. 3 GO NRW zu prüfen hat[318], als wesentliche Instrumente zur Erfüllung der Überwachungsaufgabe.[319]

D. I. 2. Zukunftsgerichtete Beratung

Die Beratung des Vorstands als Teil der Überwachungsaufgabe wird im Aktiengesetz nicht explizit erwähnt.[320] Gleichwohl hat die Rechtsprechung des BGH klargestellt, dass die „ständige Diskussion mit dem Vorstand und [...] dessen laufende Beratung [...] das vorrangige Mittel der in die Zukunft gerichteten Kontrolle" durch den Aufsichts- bzw. Verwaltungsrat[321] darstellen.[322] Eine Berechtigung und Verpflichtung zur Beratung des Vorstands lässt sich auch aus dessen Berichtspflichten nach § 90 Abs. 1 S. 1 Nr. 1 und Nr. 4 sowie Abs. 2 Nr. 4 AktG herleiten, die die Geschäftspolitik und Unternehmensplanung betreffen und hinsichtlich der besonders bedeutsamen Geschäfte so rechtzeitig zu erfüllen sind, dass der

---

anderslautenden Regelung im Gesellschaftsvertrag – allein auf Verlangen des Aufsichtsrats vgl. Fn. 210; der Vorstand einer AöR hat dem Verwaltungsrat gemäß § 3 Abs. 1 S. 3 KUV NRW auf Anforderung in allen Angelegenheiten Auskunft zu geben und ihn über alle wichtigen Vorgänge rechtzeitig zu unterrichten.

318 Für den fakultativen Aufsichtsrat einer GmbH gilt dies nur, soweit der Gesellschaftsvertrag hier keine abweichende Zuständigkeit – z. B. der Gesellschafterversammlung – vorsieht.

319 *Habersack* in MükoAktG § 111 Rn. 2.

320 *Hopt/Roth* in Großkomm AktG § 111 Rn. 110; da sie jedoch der herrschenden Meinung entspricht, wird eine ausdrückliche Aufnahme in das Gesetz vom Arbeitskreis Recht des Aufsichtsrats befürwortet, *Arbeitskreis Recht des Aufsichtsrats*, NZG 2021, S. 477 (478).

321 Angesichts der gleichgelagerten Überwachungsaufgabe kann dies auf den Verwaltungsrat einer AöR übertragen werden.

322 BGH, NJW 1991, S. 1830 (1831); bestätigt durch BGH, ZIP 2006, S. 1529 (1532 f.).

Aufsichtsrat vorab Gelegenheit zur Stellungnahme hat.[323] Anders als das Gesetz, erwähnt der DCGK die Beratung des Vorstands durch den Aufsichtsrat ausdrücklich.[324] Auch sie bezieht sich auf die Leitungs- sowie wesentlichen Einzelmaßnahmen des Vorstands und soll die Rechtmäßigkeit, Ordnungsmäßigkeit, Wirtschaftlichkeit und Zweckmäßigkeit der Geschäftsführung in der Zukunft sicherstellen.[325]

Der Beratungsaufgabe wird entsprechend überragende Bedeutung für die Zukunft des Unternehmens attestiert, noch vor der vergangenheitsbezogenen Kontrolle.[326] Dies korrespondiert mit der Feststellung, dass negative Geschäftsentwicklungen mehrheitlich durch strategische Mängel verursacht werden, nicht durch Kontrollversagen z. B. im Zusammenhang mit Bilanzunregelmäßigkeiten oder Compliance-Verstößen.[327] Für die Arbeit des Aufsichtsrats bestätigt eine Untersuchung der Boston Consulting Group, die den Fokus auf die strategische Weiterentwicklung des Unternehmens als einen von zwei Indikatoren erfolgreicher Aufsichtsratsarbeit identifiziert hat, die Bedeutung der zukunftsgerichteten Beratung durch den Aufsichtsrat.[328]

---

323 *Habersack* in MükoAktG § 111 Rn. 50; *Schoppen,* Unternehmenszukunft, S. 15. Zur Berichtspflicht des Geschäftsführers einer GmbH mit fakultativem Aufsichtsrat – vorbehaltlich einer anderslautenden Regelung im Gesellschaftsvertrag – allein auf Verlangen des Aufsichtsrats vgl. Fn. 210.

324 DCGK Grundsatz 6.

325 *Meyer* in Ghassemi-Tabar DCGK Grds. 6 Rn. 16.

326 *M. Arnold* in Goette/Arnold AR-HdB § 4 Rn. 9; *Lutter/Krieger/Verse,* Rechte und Pflichten des AR Rn. 103; gleichwohl wird ihr hinsichtlich konkreter Ausführungen im Vergleich zur vergangenheitsbezogenen Kontrolle in Literatur und Rechtsprechung weniger Beachtung und Raum gewidmet, *v. Schenk* in Semler/v. Schenk/Wilsing AR-HdB § 6 Rn. 168.

327 *Wolff* in Dörrwächter, Corporate Governance, S. 73 (74).

328 Der zweite Indikator ist effektive Teamarbeit; *Pidun/Roos/Stange/Wolff,* Erfolgreiche Aufsichtsräte, S. 2 f.

Im Rahmen seiner Beratungsaufgabe obliegt es dem Aufsichts- bzw. Verwaltungsrat zu den Strategien[329] und Planungen des Vorstands Anstöße zu geben, Bedenken zu äußern[330] und diese aus seiner Perspektive kritisch zu prüfen.[331] Der Vorstand wird mithin schon im Rahmen der Strategieerstellung und Planung zur Argumentation und Plausibilisierung angehalten[332] und das Unternehmen so von Vorstand und Aufsichts- bzw. Verwaltungsrat gemeinsam für die Zukunft aufgestellt und weiterentwickelt[333]. Über die abgestimmte und beschlossene Strategie und die Maßnahmen zu deren Umsetzung sollte im weiteren Verlauf berichtet und deren Erfolg kontrolliert werden[334], sodass aus der Beratung resultierende Maßnahmen wiederum der vergangenheitsbezogenen Kontrolle unterzogen werden sollten.

D. II. Erforderliche Erfahrung und Sachkunde des Gesamtorgans

Die vorstehende Betrachtung der Überwachungsaufgabe des Aufsichts- bzw. Verwaltungsrats veranschaulicht deutlich den Umfang und die Vielseitigkeit dieser Aufgabe, der ein einzelnes Mitglied mit seiner Erfahrung und Sachkunde kaum alleine in vollem Umfang gerecht werden kann. Dies gilt umso mehr angesichts des Wissens- und Informationsvorsprungs, den der professionelle und hauptberufliche Vorstand natürlicherweise besitzt.[335] Dieser

---

329 Zur Bedeutung der Überprüfung der Strategie durch den Aufsichtsrat ausführlich *Hirt*, AR 2013, S. 144 (144 ff.).

330 *M. Arnold* in Goette/Arnold AR-HdB § 4 Rn. 9; *v. Schenk* in Semler/v. Schenk/Wilsing AR-HdB § 6 Rn. 46.

331 *Schoppen*, Unternehmenszukunft, S. 16; *Wolff* in Dörrwächter, Corporate Governance, S. 73 (76).

332 *Habersack* in MükoAktG § 111 Rn. 51.

333 *Wolff* in Dörrwächter, Corporate Governance, S. 73 (73).

334 *Schoppen*, Unternehmenszukunft, S. 24 f.

335 *v. Schenk* in Semler/v. Schenk/Wilsing AR-HdB § 6 Rn. 42.

Vorsprung lässt sich allein dadurch reduzieren, dass der Aufsichts- bzw. Verwaltungsrat mit Mitgliedern besetzt wird, die über komplementäre, für das Unternehmen erforderliche Erfahrung und Sachkunde aus verschiedenen Bereichen verfügen.[336]

Kenntnisse, die das Gesetz in diesem Zusammenhang ausdrücklich erwähnt, finden sich allein in § 100 Abs. 5 AktG.[337] Dieser fordert für Unternehmen von öffentlichem Interesse i. S. d. § 316a S. 2 HGB[338] Sachverstand auf den Gebieten Rechnungslegung und Abschlussprüfung von jeweils mindestens einem Mitglied, den sog. Finanzexperten[339]. Zudem muss das Gesamtorgan, mit dem Sektor, in dem das Unternehmen tätig ist, vertraut sein. Der DCGK wiederum empfiehlt ausdrücklich, bei der Erstellung des Anforderungsprofils „Expertise zu den für das Unternehmen bedeutsamen Nachhaltigkeitsfragen" zu berücksichtigen.[340]

Über diese wenigen – und zuvorderst für kapitalmarktorientierte Unternehmen formulierten – gesetzlichen Anforderungen bzw. Empfehlungen des DCGK hinaus existieren keine allgemeingültigen Vorgaben für konkrete Bereiche, in denen ein Aufsichts- bzw.

---

336 *Dreher* in FS Hoffmann-Becking, 2013, S. 313 (317).

337 *Wilsing/Winkler* in Semler/v. Schenk/Wilsing AR-HdB § 2 Rn 39; *Schoppen,* Unternehmenszukunft, S. 46.

338 Kapitalmarktorientierte Unternehmen i. S. d. § 264d HGB, nicht kapitalmarktorientierte CRR-Kreditinstitute und nicht kapitalmarktorientierte Versicherungsunternehmen; *Habersack* in MükoAktG § 100 Rn. 71; zur von der gesetzlichen Definition abweichenden Qualifikation auch öffentlicher Unternehmen als „Unternehmen von öffentlichem Interesse", *Hommelhoff,* Public Governance, Herbst 2018, S. 19 (19).

339 *Habersack* in MükoAktG § 100 Rn. 73; auch der von diesen Unternehmen einzurichtende Prüfungsausschuss muss gem. § 107 Abs. 4 S. 1 bis 3 AktG die Anforderungen des § 100 Abs. 5 AktG erfüllen.

340 DCGK Empfehlung C.1; In Grundsatz 15 fordert dieser vergleichbar zu § 100 Abs. 5 AktG zwei Finanzexperten als Mitglieder des Prüfungsausschusses sowie in Empfehlung D.3, dass dessen Vorsitzender Sachverstand auf mindestens einem der beiden Gebiete besitzt.

Verwaltungsrat über Erfahrung und Sachkunde verfügen muss. Dies überrascht angesichts der Abhängigkeit der Anforderungen vom konkreten Unternehmen nicht, kann sich die im Gesamtorgan benötigte Erfahrung und Sachkunde doch von Unternehmen zu Unternehmen mitunter deutlich unterscheiden. Gleichwohl werden nachfolgend einige Bereiche identifiziert, in denen Erfahrung und Sachkunde in Aufsichts- und Verwaltungsräten kommunaler Unternehmen regelmäßig erforderlich sein dürfte.

D. II. 1. Juristische Kenntnisse

Angesichts der Verpflichtung, die Rechtmäßigkeit der Geschäftsführung des Vorstands zu überwachen, ist ein gewisses Maß an juristischen Kenntnissen im Aufsichts- bzw. Verwaltungsrat unabdingbar. Zwar sehen bereits die Mindestanforderungen Kenntnisse jedes einzelnen Mitglieds im juristischen Bereich vor. Diese beschränken sich aber im Wesentlichen auf die aktienrechtlichen Vorschriften zu den Befugnissen von Vorstand und Aufsichtsrat[341] sowie zu den Haftungstatbeständen bei Pflichtverletzungen.[342] Allerdings berührt die Überwachung der Rechtmäßigkeit der Geschäftsführung des Vorstands regelmäßig weitere Rechtsgebiete, z. B. das Wettbewerbsrecht, das Umweltrecht, das Vergaberecht oder das Steuerrecht.[343] Für deren Beurteilung reichen die vom einzelnen Mitglied zu verlangenden Mindestkenntnisse mithin nicht aus. Ausgebildete Juristen sind als Mitglied in einem Aufsichts- bzw. Verwaltungsrat demnach eher dazu befähigt, die Kontrollfunktion insoweit ordnungsgemäß auszuüben.[344]

---

341 Bzw. die entsprechenden kommunalrechtlichen Vorschriften für die AöR.

342 Vgl. unter C. I. 2.

343 *Lutter/Krieger/Verse*, Rechte und Pflichten des AR Rn. 74.

344 *Hardt/Ponschab*, AR 2014, S. 85 (86).

Zwar kann der Aufsichts- bzw. Verwaltungsrat für bestimmte Aufgaben gem. § 111 Abs. 2 S. 2 AktG[345] externe Sachverständige, z. B. Rechtsanwaltskanzleien, beauftragen – eine ständige externe Beratung ist jedoch nicht zulässig.[346] Zudem kann sich der Aufsichts- bzw. Verwaltungsrat nur unter bestimmten Voraussetzungen vollständig auf externe Rechtsberatung verlassen; insbesondere ist die Plausibilität der eingeholten Auskünfte zu kontrollieren[347], was wiederum ein Mindestmaß an juristischer Expertise erfordert.

Vor diesem Hintergrund ist jeweils im konkreten Einzelfall zu prüfen, wie häufig und in welchen Rechtsgebieten im Rahmen der Überwachungsaufgabe des Aufsichts- bzw. Verwaltungsrats juristische Kenntnisse voraussichtlich benötigt werden, und je nach Ergebnis anschließend zu entscheiden, ob diese Kenntnisse im Gesamtorgan vorhanden sein müssen, oder vielmehr die anlassbezogene Einholung externer Rechtsberatung genügt. Steht am Ende die Erkenntnis, dass juristische Kenntnisse in einem bestimmten Rechtsgebiet innerhalb des Aufsichts- bzw. Verwaltungsrats erforderlich sind, kann z. B. ein entsprechender Fachanwaltstitel als mögliches Auswahlkriterium herangezogen werden.[348]

In Aufsichts- und Verwaltungsräten kommunaler Unternehmen empfiehlt sich insbesondere dann die Aufnahme entsprechender juristischer Kenntnisse in das Anforderungsprofil, wenn die Unternehmen in Bereichen mit komplexer und sich dynamisch

---

345 Anlass, an einem entsprechenden Recht des Verwaltungsrats einer AöR zu zweifeln, besteht nicht.

346 BGH, NJW 1983, S. 991 (991 f.); *Habersack* in MükoAktG § 111 Rn. 161; *Cahn/Mertens* in Kölner Kommentar AktG § 111 Rn. 63.

347 *Fleischer*, AR 2009, S. 86 ff.

348 *Bühren*, Rechtsanwalt als Aufsichtsratsmitglied, S. 81 ff. zur Eignung einschlägiger Fachanwaltstitel als Indikator für Sonderwissen im Zusammenhang mit den daraus abzuleitenden erhöhten Sorgfaltspflichten gem. der sog. ISION-Entscheidung des BGH, NZG 2011, S. 1271 (1274).

verändernder Regulierung tätig sind, was insbesondere auf Sparkassen[349] und Energieunternehmen[350] zutrifft.

D. II. 2. Kenntnisse im Bereich Rechnungslegung und Abschlussprüfung

Soweit es sich bei kommunalen Unternehmen nicht um Unternehmen von öffentlichem Interesse i. S. d. § 316a S. 2 HGB handelt, ist es in der Regel nicht erforderlich, zwei Mandate im Aufsichts- bzw. Verwaltungsrat mit sog. Finanzexperten, jeweils einen mit Sachverstand im Bereich Rechnungslegung und einen mit Sachverstand im Bereich Abschlussprüfung, zu besetzen, wie es § 100 Abs. 5 Hs. 1 AktG vorsieht. Dies gilt umso mehr, als in der Praxis regelmäßig davon auszugehen ist, dass Personen mit Sachverstand in einem dieser Bereiche auch Sachverstand im jeweils anderen Bereich besitzen.[351]

Zwar werden auch in diesen Bereichen Mindestkenntnisse vom einzelnen Mitglied gefordert.[352] Die Prüfung der Rechnungslegung und der Abschlussprüfung durch den Aufsichts- bzw. Verwaltungsrat mit der ausreichenden Sorgfalt erfordert jedoch über die Mindestkenntnisse hinausgehende Kenntnisse, die im Gesamtorgan vorhanden sein müssen.[353] Es wird sich daher regelmäßig empfehlen, im Anforderungsprofil für Aufsichts- und Verwaltungsräte kommunaler Unternehmen Kenntnisse in den Bereichen

---

349 Beispielhaft zu den Änderungen der Regulierung des Finanzsektors allein in den Monaten Januar bis Mai 2022, *Weber/Grauer/Schmid*, Wpg 2022, S. 926 (926 ff.).

350 Beispielhaft zu den Änderungen der Regulierung der Energiewirtschaft allein im Jahr 2022, das aufgrund der Auswirkungen des russischen Angriffskriegs insoweit sicherlich außergewöhnlich war, *Schellberg/Kümpel*, N&R 2023, S. 74 (74 ff.).

351 *Koch* AktG § 100 Rn. 24; *Wilsing/Winkler* in Semler/v. Schenk/Wilsing AR-HdB § 2 Rn 36.

352 Vgl. unter C. I. 2.

353 *v. Schenk* in Semler/v. Schenk/Wilsing AR-HdB § 6 Rn. 115.

Rechnungslegung und Abschlussprüfung vorzusehen. Fachlich geeignet sind insbesondere Angehörige der steuerberatenden und wirtschaftsprüfenden Berufe, (ehemalige) Finanzvorstände, fachkundige Angestellte aus den Bereichen Rechnungslegung und Controlling, Analysten sowie langjährige Mitglieder in Prüfungsausschüssen oder Betriebsräten, die sich die Kenntnisse durch Weiterbildung angeeignet haben.[354] Entscheidend ist insoweit nicht eine bestimmte Ausbildung, sondern die tatsächliche Fähigkeit die entsprechenden Inhalte mit dem Vorstand und dem Abschlussprüfer zu erörtern.[355]

Zusätzlich stellen sich durch eine entsprechende Besetzung positive Nebeneffekte ein: Personen mit Kenntnissen in den Bereichen Rechnungslegung und Abschlussprüfung können diese regelmäßig auch bei der Bewertung von Investitionen und Finanzierungen einbringen.[356] Darüber hinaus sind sie mitunter in der Lage, den Bereich des Steuerrechts und damit einen Teil der ggf. erforderlichen juristischen Kenntnisse[357] abzudecken; besonders, wenn es sich um Angehörige der steuerberatenden Berufe handelt.

D. II. 3. Vertrautheit mit dem Sektor/der Branche des Unternehmens

§ 100 Abs. 5 Hs. 2 AktG fordert zwar nur für die Aufsichtsräte von Unternehmen von öffentlichem Interesse zwingend, dass diese in ihrer Gesamtheit mit dem Sektor, in dem das Unternehmen tätig ist, vertraut sind. Angesichts der Überwachungsaufgabe des Aufsichts- bzw. Verwaltungsrats und insbesondere mit Blick auf die zukunftsgerichtete Beratung erscheint eine gewisse Vertrautheit

354 BT-Drs. 16/10067, S. 102; *Habersack* in MükoAktG § 100 Rn. 73; *Roßkopf* in Goette/Arnold AR-HdB § 2 Rn. 75.

355 *Meyer*, Finanzexperte im Aufsichtsrat, S. 276 ff.

356 *Schoppen*, Unternehmenszukunft, S. 47.

357 Vgl. unter D. II. 1.

mit dem Sektor[358] jedoch in jedem Fall erforderlich. Dies gilt jedenfalls, soweit sich der Aufsichts- bzw. Verwaltungsrat mit der Strategie und Planung des Vorstands befasst, zu deren Beurteilung er u. a. Kenntnisse über Marktanteile, Kunden, Wettbewerber und deren Strategie benötigt[359]. Je stärker das Verständnis für das Unternehmen und dessen Geschäftsfeld ausgeprägt ist, desto besser kann der Aufsichts- bzw. Verwaltungsrat den Vorstand hierzu beraten.[360] Verfügt mindestens ein Mitglied über entsprechende Sektorvertrautheit, wird das Gesamtorgan mithin eher in der Lage sein, seiner Überwachungsaufgabe insoweit ordnungsgemäß nachzukommen.[361] Somit sollte in der Regel im Anforderungsprofil für Aufsichts- bzw. Verwaltungsräte kommunaler Unternehmen Vertrautheit mit dem Sektor des jeweiligen Unternehmens vorgesehen werden. Die Vertrautheit sollte dabei aus vertiefterer Erfahrung und Sachkunde resultieren, als es die Mindestanforderungen an jedes einzelne Mitglied hinsichtlich der Kenntnis des Unternehmens und seines Geschäfts vorsehen[362].

Dabei sind jedoch auch keine zu hohen Anforderungen an die Sektorvetrautheit zu stellen.[363] Vielmehr reicht es auch aus, wenn praktische Erfahrung oder theoretische Kenntnisse durch intensive Weiterbildung, im Beteiligungsmanagement, oder im Rahmen

358 Die Begriffe „Sektor", „Branche" und „Geschäftsfeld" werden in diesem Zusammenhang weitgehend synonym verwendet, *Simons/Kalbfleisch*, AG 2020, S. 526 (527); BT-Drs. 18/7219, S. 56; *Habersack* in MükoAktG § 100 Rn. 74; *Wilsing/Winkler* in Semler/v. Schenk/Wilsing AR-HdB § 2 Rn 38.

359 *Simons/Kalbfleisch*, AG 2020, S. 526 (527); *v. Schenk* in Semler/v. Schenk/Wilsing AR-HdB § 6 Rn. 29; *Schoppen*, Unternehmenszukunft, S. 44.

360 *v. Schenk* in Semler/v. Schenk/Wilsing AR-HdB § 6 Rn. 32; *Schoppen*, Unternehmenszukunft, S. 21.

361 *Schoppen*, AR 2023, S. 83 f.

362 Vgl. unter C. I. 2.

363 *Habersack* in MükoAktG § 100 Rn. 74; *Koch* AktG § 100 Rn. 26; *Wilsing/Winkler* in Semler/v. Schenk/Wilsing AR-HdB § 2 Rn 38.

einer langjährigen beratenden Tätigkeit im entsprechenden Sektor erworben wurden.[364] Der Begriff des Sektors umfasst dabei insbesondere den tätigkeitsbezogenen Bereich und damit das Markt-, Konkurrenz- und Branchenumfeld; er sollte nicht zu weit gefasst, sondern flexibel anhand u. a. betriebswirtschaftlicher, strategischer und regulatorischer Aspekte für das konkrete Unternehmen bestimmt werden.[365]

Ebenso wie in allen anderen Bereichen des Anforderungsprofils kann auch die Sektorvertrautheit – zumindest in mitbestimmten Aufsichtsräten[366] – durch Arbeitnehmervertreter sichergestellt werden, was insofern naheliegend erscheint, als diese aufgrund ihrer Tätigkeit im Unternehmen in aller Regel über Sektorvertrautheit verfügen.[367] Dabei ist allerdings zu berücksichtigen, dass eine langjährige Zugehörigkeit zum Unternehmen zu einer verengten Perspektive und reduzierter Veränderungs- und Innovationsbereitschaft führen kann (nicht muss).[368] Im Sinne der Einbringung verschiedener Perspektiven und neuer Ideen könnte daher je nach Einzelfall eine Besetzung des Aufsichts- bzw. Verwaltungsrats mit einer mit dem Sektor vertrauten, aber unternehmensexternen Person zu bevorzugen sein.

Mitunter wird in diesem Zusammenhang für problematisch erachtet, dass Personen mit Sektorvertrautheit häufig für Konkurrenten oder Unternehmen, mit denen Geschäftsbeziehungen unterhalten

---

364 BT-Drs. 18/7219, S. 56.

365 *Simons/Kalbfleisch*, AG 2020, S. 526 (527 f.); der tätigkeitsbezogene Bereich des Sektors wird dort vom fachlichen Bereich unterschieden, der das Produkt betrifft.

366 Im Verwaltungsrat einer AöR ist keine Arbeitnehmermitbestimmung vorgesehen, sodass diese Möglichkeit ausscheidet, vgl. unter B. III. 1.

367 *Roßkopf* in Goette/Arnold AR-HdB § 2 Rn. 79; *Simons/Kalbfleisch*, AG 2020, S. 526 (530); *Koch* AktG § 100 Rn. 28.

368 *Schoppen*, Unternehmenszukunft, S. 18 f.

werden, tätig sind. Dadurch würden verstärkt Interessenkonflikte drohen.[369] Die Tätigkeit kommunaler Unternehmen ist aufgrund des Örtlichkeitsprinzips jedoch regelmäßig auf das Gebiet der Kommune oder ggf. der Nachbarkommune(n) begrenzt. Andere kommunale Unternehmen aus demselben Sektor, z. B. Stadtwerke, stellen daher häufig keine unmittelbare Konkurrenz dar, sodass deren Vorstände und leitende Angestellte als potentielle Mitglieder mit Sektorvertrautheit für den Aufsichts- bzw. Verwaltungsrat durchaus in Frage kommen, ohne dass verstärkt Interessenkonflikte zu befürchten sind. Auch größere Entfernungen dürften insoweit kein Hindernis darstellen, sehen doch sowohl das Gesellschaftsrecht[370] als auch das Kommunalrecht[371] die Möglichkeit vor, Sitzungen des Aufsichts- bzw. Verwaltungsrats digital oder hybrid durchzuführen. Hinsichtlich potentieller Mitglieder mit Sektor-

369 *v. Schenk* in Semler/v. Schenk/Wilsing AR-HdB § 6 Rn. 4.

370 Zu der Frage, ob es sich bei digitalen Sitzungen um eine Beschlussfassung i. S. d. § 108 Abs. 4 AktG und damit außerhalb einer Sitzung handelt, oder um eine genuine Sitzung, vgl. *Schindler/Schaffner*, Virtuelle Beschlussfassung Rn. 376 ff.; auch ohne ausdrücklichen Verweis in § 52 Abs. 1 GmbHG ist von einer Möglichkeit, digitale oder hybride Sitzungen bzw. Beschlussfassungen auch im fakultativen Aufsichtsrat einer GmbH durchzuführen, nach ganz herrschender Meinung auszugehen, *Schindler/Schaffner*, Virtuelle Beschlussfassung Rn. 621; *Lutter/Krieger/Verse*, Rechte und Pflichten des AR Rn. 1220; zu den befristeten, über § 108 Abs. 4 AktG hinausgehenden Regelungen vor dem Hintergrund der Covid 19-Pandemie vgl. *Noack/Zetzsche*, AG 2020, S. 265 (275 f.).

371 In § 58a GO NRW zumindest für die Sitzungen der kommunalen Ausschüsse. Eine spezielle Regelung für Sitzungen des Verwaltungsrats einer AöR existiert zwar nicht, gleichwohl ist davon auszugehen, dass auch insoweit keine rechtlichen Bedenken anzumelden sind. Grundsätzlich erscheint es sinnvoll, eine Reglung zum Sitzungsformat in die Satzung bzw. den Gesellschaftsvertrag oder die Geschäftsordnung des Aufsichts- bzw. Verwaltungsrats aufzunehmen, um insoweit Rechtssicherheit zu erreichen, *Schindler/Schaffner*, Virtuelle Beschlussfassung Rn. 392 ff. und 620.

vertrautheit besitzen kommunale Unternehmen angesichts des untereinander nur eingeschränkten Wettbewerbs mithin einen Vorteil gegenüber Privatunternehmen.[372]

D. II. 4. Erfahrung und Sachkunde im Bereich Nachhaltigkeit

Das in der gesamten Gesellschaft präsente Thema Nachhaltigkeit gewinnt auch für Aufsichtsräte rasant an Bedeutung, insbesondere bei deren personeller Besetzung.[373] Dies zeigt nicht zuletzt auch die aktuelle Fassung des DCGK, die erstmals empfiehlt, Expertise zu den für das Unternehmen bedeutsamen Nachhaltigkeitsfragen im Anforderungsprofil für den Aufsichtsrat zu berücksichtigen.[374] Darüber hinaus werden Nachhaltigkeitsfragen dort ausdrücklich der Überwachung und Beratung des Vorstands durch den Aufsichtsrat zugeordnet.[375]

Für die Aufsichts- und Verwaltungsräte zahlreicher kommunaler Unternehmen rückt das Thema Nachhaltigkeit darüber hinaus

---

372 Eine Ausnahme gilt insoweit für Sparkassen, deren Verwaltungsräten gem. § 13 Abs. 1 Buchst. b) SpkG NRW u. a. keine Beschäftigten oder Organmitglieder von Unternehmen angehören dürfen, die Bankgeschäfte betreiben, *Engau* in Engau/Dietlein/Josten, SpkG NRW, 4. EL 2014, § 13 SpkG NRW Erl. 3.

373 *von Rosty*, AR 2023, S. 124 (124 f.).

374 DCGK Empfehlung C.1; der Nachhaltigkeitsbegriff umfasst dabei ökologische und soziale Ziele, *Regierungskommission DCGK*, Begründung der am 28. April 2022 beschlossenen Änderung des DCGK, S. 1.

375 DCGK Grundsatz 6; das Thema Nachhaltigkeit wird zudem auch bei der Zugehörigkeit der Nachhaltigkeitsberichterstattung zur Rechnungslegung und Jahresabschlussprüfung (Empfehlung D.3), der Ausrichtung der Vergütungsstruktur auf eine nachhaltige (und langfristige) Entwicklung der Gesellschaft (Grundsatz 24) sowie der Berücksichtigung nachhaltigkeitsbezogener Ziele bei der Unternehmensplanung (Empfehlung A.1), dem internen Kontrollsystem und dem Risikomanagementsystem (Empfehlung A.3) von der aktuellen Fassung des DCGK adressiert.

schon wegen der zukünftig zu erstellenden Nachhaltigkeitsberichterstattung verstärkt in den Fokus. Die maßgebliche EU-Richtlinie, die sog. CSRD[376], sieht eine Verpflichtung zur Erweiterung des Lageberichts um einen Nachhaltigkeitsbericht für große Kapitalgesellschaften[377] sowie kleine und mittelgroße Kapitalgesellschaften von öffentlichem Interesse vor.[378] Kommunale Unternehmen haben aufgrund kommunalrechtlicher Vorschriften[379] ihre Jahresabschlüsse und Lageberichte regelmäßig nach den Vorschriften für große Kapitalgesellschaften aufzustellen.[380] Im Zuge der Umsetzung der CSRD in nationales Recht müsste diesem Umstand daher Rechnung getragen werden, will man eine Verpflichtung zur Nachhaltigkeitsberichterstattung gemäß CSRD für sämtliche kommunale Unternehmen unabhängig von ihrer Größe vermeiden.

Angesichts des immensen Umsetzungsaufwands gerade für kleine und mittelgroße kommunale Unternehmen hat sich u. a. die Bundesvereinigung der kommunalen Spitzenverbände bereits frühzeitig für eine Ausnahme von der Pflicht zur Nachhaltigkeitsberichterstattung für kleine und mittelgroße kommunale Unternehmen

---

376 Richtlinie (EU) 2022/2464 des Europäischen Parlaments und des Rates vom 14. Dezember 2022.

377 Dies ist der Fall, soweit zwei der drei folgenden Kriterien erfüllt sind: mindestens 250 Beschäftigte, mindestens 40 Mio. Euro Umsatz, mindestens 20 Mio. Euro Bilanzsumme, Art. 3 Abs. 4 Richtlinie (EU) 2013/34.

378 Art. 19a Abs. 1 der durch Artikel 1 der CSRD geänderten Richtlinie (EU) 2013/34.

379 In NRW für kommunale Unternehmen in Privatrechtsform in § 108 Abs. 1 S. 1 Nr. 8 GO NRW und für die AöR in § 114a Abs. 10 GO NRW sowie §§ 22 und 26 KUV NRW. Zur Frage, ob eine AöR sämtliche Anforderungen für große Kapitalgesellschaften umzusetzen hat, vgl. *Eulner*, WPg 2022, S. 745 (751).

380 *Eulner*, WPg 2022, S. 745 (749 f.); *Müller/Asmus*, DÖV 2023, S. 525 (529).

in den Gemeindeordnungen ausgesprochen.[381] Andere Stimmen sehen in der gesetzlich verankerten Vorbildfunktion der kommunalen – bzw. allgemein der öffentlichen – Unternehmen[382] bei Fragen der Nachhaltigkeit und des Klimaschutzes ein Argument gerade für eine verpflichtende oder zumindest freiwillige Nachhaltigkeitsberichterstattung auch der kleinen und mittelgroßen kommunalen Unternehmen.[383]

Der im März 2024 vom BMJ veröffentlichte Referentenentwurf zum CSRD-Umsetzungsgesetz[384] sieht in Art. 1 durch Neufassung von § 289b HGB – der CSRD entsprechend – eine Pflicht zur Nachhaltigkeitsberichterstattung im Lagebericht für große Kapitalgesellschaften i. S. d. § 267 Abs. 3 S. 1 HGB sowie für kleine und mittelgroße Kapitalgesellschaften, soweit sie kapitalmarktorientiert i. S. d. § 264d HGB sind, vor. Gleichzeitig wird in Art. 21 des Gesetzentwurfs durch eine Ergänzung von § 65 Abs. 1 Nr. 4 BHO für Unternehmen, an denen der Bund beteiligt ist, geregelt, dass „sich der Nachhaltigkeitsbericht von kleinen und mittelgroßen Unternehmen allein nach dem Gesellschaftsvertrag [richtet], soweit

381 *Bundesvereinigung der kommunalen Spitzenverbände*, Stellungnahme zum Entwurf der CSRD vom 9. Januar 2023.

382 Auf Bundesebene in § 13 Abs. 1 S. 1 KSG, in Nordrhein-Westfalen in § 5 Abs. 1 KSG NRW; vgl. auch *Müller/Asmus*, DÖV 2023, S. 525 (525).

383 *IDW*, Nachhaltigkeitsberichterstattung öffentlicher Unternehmen, S. 3 ff.; zu Argumenten für eine Nachhaltigkeitsberichterstattung auch ohne direkte Anwendbarkeit der jeweils zugrundeliegenden Vorschriften auch *Mann/Schnuch*, DÖV 2019, S. 417 (420 ff.); *Hommelhoff*, Public Governance, Herbst 2018, S. 19 (19 f.).

384 Entwurf eines Gesetzes zur Umsetzung der Richtlinie (EU) 2022/2464 des Europäischen Parlaments und des Rates vom 14. Dezember 2022 zur Änderung der Verordnung (EU) Nr. 537/2014 und der Richtlinien 2004/109/EG, 2006/43/EG und 2013/34/EU hinsichtlich der Nachhaltigkeitsberichterstattung von Unternehmen, abrufbar unter https://www.bmj.de/SharedDocs/Gesetzgebungsverfahren/DE/2024_CSRD_UmsG.html, zuletzt aufgerufen am 5. April 2024.

nicht gesetzliche Vorschriften unmittelbar anwendbar sind". Die in § 289b HGB-E vorgesehenen gesetzlichen Vorschriften zur Nachhaltigkeitsberichterstattung sind für kleine und mittelgroße Unternehmen nur dann unmittelbar anwendbar, wenn diese kapitalmarktorientiert sind. Im Ergebnis wäre durch die vorgesehene Ergänzung in § 65 Abs. 1 Nr. 4 BHO die Verpflichtung zur Nachhaltigkeitsberichterstattung nach § 289b HGB-E für Unternehmen mit Beteiligung des Bundes – wie bei privaten Unternehmen – von deren Größe bzw. ihrer Kapitalmarktorientierung abhängig, was den Regelungen der CSRD vollumfänglich entspricht.[385] Gleichwohl entbindet die vorgesehene Regelung nichtkapitalmarktorientierte kleine und mittelgroße Unternehmen mit Beteiligung des Bundes nicht gänzlich von einer Nachhaltigkeitsberichterstattung. Vielmehr verweist die Begründung des Gesetzentwurfs ausdrücklich auf die Anwendbarkeit des PCGK des Bundes[386], der in Ziffer 8.1.3 bei Unternehmen mit mehrheitlicher Beteiligung des Bundes einen Nachhaltigkeitsbericht nach dem Deutschen Nachhaltigkeitskodex verlangt.[387]

Eine Umsetzung der im Gesetzentwurf enthaltenen Änderung der BHO vorausgesetzt, ist mit einem entsprechenden Vorgehen auch auf Ebene der Länder und Kommunen – und damit auch für kommunale Unternehmen – zu rechnen. Hierfür bedürfte es nach dem

385 Entwurf des CSRD-Umsetzungsgesetzes, Begründung, B. Besonderer Teil, zu Artikel 21, zu Nummer 1.

386 Entwurf des CSRD-Umsetzungsgesetzes, Begründung, B. Besonderer Teil, zu Artikel 21, zu Nummer 1, zu Buchstabe a.

387 Anders als bei den gesetzlichen Regelungen zur Nachhaltigkeitsberichterstattung handelt es sich hierbei allerdings um eine Soll-Vorschrift, die somit (begründete) Abweichungen zulässt. Zur Anwendung des Deutschen Nachhaltigkeitskodex bei kleinen und mittelgroßen (nicht kapitalmarktorientierten) Unternehmen mit Bundesbeteiligung vgl. auch *Ramge/Kerst*, Public Governance, Winter 2023/2024, S. 18 (18).

Vorbild auf Bundesebene einer zeitnahen[388] Änderung der jeweiligen Landeshaushalts- und Gemeindeordnungen sowie der PCGKs[389] von Ländern bzw. Kommunen. Ebenso wären die Satzungen bzw. Gesellschaftsverträge kommunaler Unternehmen zwingend anzupassen, soweit sie keinen dynamischen Verweis auf die zugrundeliegenden landes- bzw. kommunalrechtlichen Vorschriften, sondern ausdrücklich die Erstellung eines Jahresabschlusses wie für große Kapitalgesellschaften vorsehen.

Perspektivisch wird in der Praxis die Mehrheit kommunaler Unternehmen bei dieser Lösung eine Nachhaltigkeitsberichterstattung vornehmen. Entweder weil § 289b HGB-E für sie unmittelbar anwendbar ist, oder weil die landes- bzw. kommunalrechtlichen Regelungen in Verbindung mit den jeweils einschlägigen Corporate Governance Kodizes eine – ggf. im Umfang reduzierte – Nachhaltigkeitsberichterstattung vorsehen werden. Selbst ohne rechtliche Verpflichtung oder Empfehlung im jeweiligen Kodex dürfte aufgrund der bereits erwähnten Vorbildfunktion kommunaler Unternehmen und entsprechender Erwartungen verschiedener Stakeholder die Erstellung einer Nachhaltigkeitsberichterstattung in Zukunft eher die Regel als die Ausnahme sein.

Soweit die Nachhaltigkeitsberichterstattung zukünftig verpflichtend nach § 289b HGB-E im Lagebericht zu erfolgen hat, unterliegt

---

388 Für bilanzrechtlich große Kapitalgesellschaften sehen CSRD sowie Gesetzentwurf eine Anwendung der Vorschriften für ab dem 1. Januar 2025 beginnende Geschäftsjahre vor, Art. 5 Abs. 2 Buchst. b) Richtlinie (EU) 2022/2464 bzw. Artikel 2 des Entwurfs des CSRD-Umsetzungsgesetzes.

389 Die kürzlich überarbeitete Fassung des D-PCGM vom 26. April 2024 berücksichtigt bereits die Inhalte des Referentenentwurfs zum CSRD-Umsetzungsgesetzes und sieht für kleine und mittelgroße nicht kapitalmarktorientierte Unternehmen eine Nachhaltigkeitsberichterstattung gem. DNK vor, *Expertenkommission Deutscher Public Corporate Govenance-Musterkodex*, D-PCGM, Rn. 150.

sie zwangsläufig der Prüfungspflicht des Aufsichts- bzw. Verwaltungsrats.[390] Auch mit den Inhalten einer (ggf. freiwilligen) Nachhaltigkeitsberichterstattung außerhalb des Lageberichts wird sich der Aufsichts- bzw. Verwaltungsrat stets befassen müssen. So umfasst die Nachhaltigkeitsberichterstattung neben weiteren Inhalten insbesondere Angaben darüber, welche Auswirkungen Nachhaltigkeitsaspekte auf das Geschäft des Unternehmens haben und welche Auswirkungen umgekehrt die Geschäftstätigkeit des Unternehmens auf Nachhaltigkeitsaspekte hat.[391] Ferner sind u. a. das Geschäftsmodell und die Strategie des Unternehmens in Bezug auf Nachhaltigkeitsaspekte zu beschreiben.[392] Diese elementaren Angaben werden sich in irgendeiner Art und Weise in jedweder[393] Nachhaltigkeitsberichterstattung finden und betreffen mit der Geschäftstätigkeit bzw. dem Geschäftsmodell sowie der Strategie Themen, die in den Bereich der Überwachungsaufgabe des Aufsichts- bzw. Verwaltungsrats fallen.[394]

Hinzu kommt, dass den kommunalen Unternehmen gemäß § 13 Abs. 1 i. V. m. § 1 Satz 1 und § 3 KSG die gesetzliche Pflicht obliegt, als Träger öffentlicher Aufgaben bei ihren Planungen und Entscheidungen die Erfüllung der nationalen Klimaschutzziele und der insoweit bestehenden europäischen Zielvorgaben zu

---

390 Gem. § 171 Abs. 1 S. 1 AktG, *Lieder/Döhrn*, AG 2023, S. 722 (727); gleiches gilt gemäß § 114a Abs. 7 Nr. 2 GO NRW i. V. m. § 27 Abs. 1 S. 1 KUV NRW für den Verwaltungsrat der AöR.

391 Art. 1 Ziff. 4 Richtlinie (EU) 2022/2464 bzw. § 289c Abs. 1 S. 1 HGB-E; sog. doppelte Wesentlichkeit, vgl. *Gabius*, CCZ 2023, S. 51 (54); *Müller/Asmus*, DÖV 2023, S. 525 (527); *Lieder/Döhrn*, AG 2023, S. 722 (727).

392 Ebenso sollen Rolle und Kompetenzen der Unternehmensorgane – also insbesondere auch des Aufsichts- bzw. Verwaltungsrats – in Nachhaltigkeitsfragen dargestellt werden; Art. 19a Abs. 2 Richtlinie (EU) 2013/34 bzw. § 289c Abs. 2 HGB-E; vgl. *Müller/Asmus*, DÖV 2023, S. 525 (526 ff.).

393 D. h. gleich ob verpflichtend oder freiwillig.

394 Vgl. hierzu auch D. I.

berücksichtigen.[395] Aufsichts- und Verwaltungsräte kommunaler Unternehmen werden daher auch vor diesem Hintergrund nicht umhinkommen, sich mit den für das Unternehmen bedeutenden[396] Nachhaltigkeitsfragen aus strategischer Sicht intensiv auseinanderzusetzen.[397]

Das Thema Nachhaltigkeit betrifft Aufsichts- und Verwaltungsräte kommunaler Unternehmen im Rahmen ihrer Überwachungsaufgabe mithin sowohl hinsichtlich des Kontrollaspekts (u. a. Nachhaltigkeitsberichterstattung) als auch hinsichtlich des Beratungsaspekts (strategische Implikationen).[398] Insbesondere letzterer wird für die zukünftige Entwicklung kommunaler Unternehmen sowie deren Akzeptanz von herausragender Bedeutung sein, sodass zur Vermeidung von Risiken die richtigen Entscheidungen für eine gelungene nachhaltige Transformation getroffen werden müssen. Dies gilt umso mehr, als kommunale Unternehmen mitunter in für den Klimaschutz und die Nachhaltigkeit ausgesprochen bedeutenden Bereichen tätig sind. So sind Stadtwerke wichtige Partner bei der Energie- und Klimapolitik mit einer zentralen Rolle bei der Energiewende.[399] Auch der Verkehrsbereich und damit der von kommunalen Unternehmen betriebene öffentliche Personennahverkehr steht unter Nachhaltigkeits- und Klimaschutzaspekten vor enormen Herausforderungen.[400]

---

395 BT-Drs. 19/14337, S. 36; *Heß/Peters/Schöneberger/Verheyen*, NVwZ 2023, S. 113 (114).

396 Eine Auswahl der bedeutsamen Nachhaltigkeitsfragen kann dabei nach Wesentlichkeit erfolgen, es müssen nicht sämtliche Nachhaltigkeitsfragen vom Aufsichts- bzw. Verwaltungsrat bearbeitet werden, *Fleischmann* in Ghassemi-Tabar DCGK Empf. C.1 Rn. 11.

397 Die Nachhaltigkeitsberichterstattung kann hierfür Daten als Grundlage für die Formulierung von Zielen und deren Erreichung liefern, *Müller/Asmus*, DÖV 2023, S. 525 (533).

398 *Stellner/Wendeborn*, AR 2023, S. 154 (154).

399 *Cronauge*, Kommunale Unternehmen, Rn. 63 ff.

400 *Reimer*, ZUR, 2023, S. 7 (9 ff.).

Zusammengefasst ist das Thema Nachhaltigkeit für kommunale Unternehmen von herausragender Bedeutung, sodass entsprechende Erfahrung und Sachkunde in deren Aufsichts- und Verwaltungsräten als unabdingbar betrachtet werden muss. In der Privatwirtschaft wächst sogar die Zahl der Aufsichtsräte, die einen gesonderten ESG-Ausschuss einrichten[401], was auch für solche kommunalen Unternehmen erwogen werden könnte, die in besonderem Maße mit Nachhaltigkeitsfragen konfrontiert sind. In jedem Fall sollte Erfahrung und Sachkunde im Bereich Nachhaltigkeit jedoch im Anforderungsprofil für Aufsichts- und Verwaltungsräte kommunaler Unternehmen berücksichtigt werden.[402]

Entsprechende Sachkunde muss dabei nicht zwingend durch eine Berufsausbildung oder ein Studium erworben worden sein.[403] Entscheidend ist vielmehr die tatsächliche Expertise, die die Person fachlich in die Lage versetzt zu überwachen, wie ökologische und soziale Nachhaltigkeit bei der strategischen Ausrichtung und Unternehmensplanung berücksichtigt wird.[404] Erfahrung und Sachkunde kann demnach auch durch Tätigkeiten im Management

---

401 *Berger/Favoccia/Groß/Heldt/Roye*, AG 2022, S. 279 (280); *Lieder/Döhrn*, AG 2023, S. 722 (730).

402 Auch insoweit besteht grundsätzlich die Möglichkeit, externe Sachverständige zu beauftragen, *Schoppen*, Unternehmenszukunft, S. 48. Angesichts der Bedeutung des Themas für kommunale Unternehmen scheint eine interne Lösung jedoch angezeigt. Ferner wird mitunter bereits erwartet, dass ähnlich wie in Bezug auf Finanzexperten und Sektorkenntnis (vgl. unter D. II. 2. bzw. D. II. 3.) perspektivisch Expertise in Umwelt- und Sozialaspekten von Aufsichts- bzw. Verwaltungsräten vom Gesetzgeber verlangt wird, *Velte/Wehrhahn*, AR 2024, S. 34 (36).

403 *Graewe*, AR 2023, S. 34 (35).

404 *Regierungskommission DCGK*, Begründung der am 28. April 2022 beschlossenen Änderung des DCGK, S. 6; *Fleischmann* in Ghassemi-Tabar DCGK Empf. C.1 Rn. 12; *Kremer* in Kremer/Bachmann/Favoccia/v. Werder, DCGK Empf. C.1 Rn. 4.

oder in einer Aufsichtsfunktion mit Nachhaltigkeitsbezug sowie durch fachliche Fortbildung erworben werden.[405]

D. II. 5. Erfahrung und Sachkunde im Bereich Digitalisierung

Neben der Nachhaltigkeit ist auch die Digitalisierung Dauerthema für weitgehend sämtliche Unternehmen.[406] In der Folge wird wohl auch kein Aufsichts- bzw. Verwaltungsrat mehr ohne ein Verständnis für die Bedeutung des Themas sowie entsprechende Erfahrung und Sachkunde im Bereich Digitalisierung auskommen.[407] Dies gilt ohne Einschränkung auch für kommunale Unternehmen: Für sie bietet die Digitalisierung gleichermaßen wie für die Privatwirtschaft die Möglichkeit, Prozesse effizienter zu gestalten sowie innovative, von den Kunden erwartete Services und neue Geschäftsmodelle zu entwickeln. Jedoch stellt die digitale Transformation auf der anderen Seite eine mit großen Herausforderungen verbundene Mammutaufgabe für die kommunalen Unternehmen dar.[408]

Die immensen Herausforderungen entstehen dabei insbesondere durch neuartige Fragestellungen, die aufgeworfen, aber nicht mit den bekannten Routinen und üblichen Kompetenzen beantwortet werden können.[409] Vielmehr müssen bestehende Geschäftsmodelle kritisch hinterfragt werden, wobei dem Aufsichts- bzw. Verwaltungsrat als Kontroll- und Beratungsorgan eine zentrale Rolle zukommt.[410] Neben den strategischen Fragestellungen, die der Aufsichts- bzw. Verwaltungsrat mit dem Vorstand hierzu erörtern muss, hat er sich mit neuen Technologien zu befassen sowie auch die eigene Aufsichtsratsarbeit in den Blick zu nehmen[411], z. B.

---

405 *Fleischmann* in Ghassemi-Tabar DCGK Empf. C.1 Rn. 12.
406 *Mattheus*, AR 2020, S. 6 (6).
407 *v. Schenk* in Semler/v. Schenk/Wilsing AR-HdB § 6 Rn. 23 f., 33.
408 *Prochazka/Martinetz/Maier*, Umbruch, Aufbruch, Durchbruch, S. 11.
409 *Wolff* in Dörrwächter, Corporate Governance, S. 73 (76).
410 *Bauer/Rapp/Wolff*, AR 2023, S. 144 (144).
411 *Theisen/Probst*, DB 2018, S. 2885 (2885).

hinsichtlich des Formats seiner Sitzungen und der Art und Weise der Informationsbereitstellung. Nicht zuletzt hat sich der Aufsichts- bzw. Verwaltungsrat auch dem Themen Cyberrisiken und IT-Sicherheit intensiv zu widmen.[412] Insgesamt kann die Bedeutung der Digitalisierung kaum unterschätzt werden, beeinflusst sie doch entscheidend das langfristige Überleben eines Unternehmens[413] – positiv wie negativ.

In Anbetracht der herausragenden Bedeutung der Digitalisierung, der Vielschichtigkeit des Themas sowie der Risiken, falls mit der Entwicklung und den Kundenerwartungen nicht Schritt gehalten werden kann, spielt die Digitalkompetenz bei der Besetzung von Aufsichts- und Verwaltungsräten bisher eine zu untergeordnete Rolle.[414] Dabei ist es nicht erforderlich, studierte Software-Ingenieure für den Aufsichts- bzw. Verwaltungsrat zu gewinnen. Vielmehr reicht ein ausgeprägtes Verständnis für veränderte Kundenerwartungen und technologische Entwicklungen sowie deren Auswirkungen auf das eigene Unternehmen bereits aus, um einen Beitrag zur digitalen Transformation leisten zu können.[415] Gleichwohl wird sich höhere Digitalkompetenz im Aufsichts- bzw. Verwaltungsrat tendenziell auch positiv auf den Erfolg der Digitalisierungsbemühungen des Unternehmens auswirken.[416] Diese kann insbesondere die Kenntnis über Möglichkeiten und Strukturen digitaler Geschäftsmodelle, spezifisches Wissen über Basistechnologien der Digitalisierung sowie die Kenntnis der Risiken der digitalen Transformation umfassen[417] und sowohl durch praktische Erfahrung als auch im Rahmen theoretischer Befassung erlangt werden.

412 *Daghles*, DB 2018, S. 2289 (2289 f.); *Fuchs*, AR 2023, S. 122 (122).
413 *Meckl/Schmidt*, BB 2019, S. 131 (131).
414 *Fuchs*, AR 2023, S. 122 (122).
415 *Schoppen*, AR 2019, S. 20 (20).
416 *Bauer/Rapp/Wolff*, AR 2023, S. 144 (146).
417 *Meckl/Schmidt*, BB 2019, S. 131 (132).

Auch hier ist für jedes konkrete Unternehmen zu bestimmen, welche Erfahrung und Sachkunde im Einzelnen erforderlich ist.[418] Jedoch kann für die Aufsichts- und Verwaltungsräte kommunaler Unternehmen die Frage angesichts der Bedeutung und der potentiellen Auswirkungen der Digitalisierung – ähnlich wie beim Thema Nachhaltigkeit – nur lauten, in welchem Umfang, nicht ob entsprechende Erfahrung und Sachkunde erforderlich ist.

D. II. 6. Bewertung des öffentlichen Zwecks und seines Wandels

Wie unter B. II. 1. bereits ausgeführt, kann jede gemeinwohlorientierte, im öffentlichen Interesse der Einwohner liegende Zielsetzung einen öffentlichen Zweck begründen, der Voraussetzung für die Betätigung kommunaler Unternehmen ist. Der öffentliche Zweck – d. h. eben diese gemeinwohlorientierte Zielsetzung im Interesse der Einwohner – ist ferner im Gesellschaftsvertrag bzw. der Satzung kommunaler Unternehmen zu verankern und wird dadurch fundamentale Grundlage ihrer Betätigung.[419] Er prägt somit regelmäßig den Unternehmensgegenstand kommunaler Unternehmen.[420] Dieser gibt dem Vorstand einen Tätigkeitsrahmen vor, dessen Konkretisierungsgrad unterschiedlich ausgeprägt sein

---

418 *Meckl/Schmidt*, BB 2019, S. 131 (134).

419 Bei kommunalen Unternehmen in Privatrechtsform gem. § 108 Abs. 1 S. 1 Nr. 7 GO NRW, vgl. unter B. II. 2.; bei einer AöR gem. § 114a Abs. 3 S. 1 GO NRW, *Wellmann* in Rehn/Cronauge/von Lennep/Knirsch, Gemeindeordnung NRW, 54. EL 2022, § 114a Rn. 23; vgl. B. III. I.

420 Nach herrschender Meinung im Gesellschaftsrecht sind Unternehmenszweck und Unternehmensgegenstand voneinander zu Unterscheiden. Unternehmenszweck ist demnach der finale Sinn, Unternehmensgegenstand das hierfür eingesetzte Mittel, *Pentz* in MüKo AktG § 23 Rn. 71; *Koch* AktG § 23 Rn. 22; *A. Arnold* in Kölner Kommentar AktG § 23 Rn. 74 f.; Unternehmenszweck ist bei kommunalen Unternehmen mithin der öffentliche Zweck, Unternehmensgegenstand das zu dessen Erreichung eingesetzte Mittel.

kann[421]; ein gewisser Ermessenspielraum verbleibt dabei in der Regel.[422]

Für die Bewertung des öffentlichen Zwecks sind die jeweils aktuellen Verhältnisse und Aufgabenstellungen der Kommune maßgeblich. Entsprechend sind die tatsächlichen Lebensverhältnisse bei der Bestimmung von Gemeinwohlorientierung und öffentlichem Interesse der Einwohner zu berücksichtigen.[423] Da diese sich mit der Zeit naturgemäß verändern können, ist eine regelmäßige Überprüfung des öffentlichen Zwecks unerlässlich.[424] Die Bewertung obliegt dabei in erster Linie den kommunalen Entscheidungsträgern, die die jeweils aktuellen Rahmenbedingungen und das, was aus örtlicher Sicht sinnvoll, erforderlich oder geboten ist, zu berücksichtigen haben.[425]

Nicht jedwede Veränderung der im Einzelfall maßgeblichen Rahmenbedingungen wird dabei so gravierend sein, dass der öffentliche Zweck entfällt oder formal angepasst werden muss. Gleiches gilt in der Folge auch für den Unternehmensgegenstand kommunaler Unternehmen. Insbesondere auch vor diesem Hintergrund erscheint es sinnvoll, den Unternehmensgegenstand zwar möglichst konkret, aber ausreichend flexibel zu formulieren, um auf kleinere Änderungen der tatsächlichen Verhältnisse und Rahmenbedingungen kurzfristig reagieren zu können.

---

421 *Pentz* in MüKo AktG § 23 Rn. 79.

422 *A. Arnold* in Kölner Kommentar AktG § 23 Rn. 73; *Pentz* in MüKo AktG § 23 Rn. 78.

423 LT-Drs. 11/3425, S. 2; Cronauge, GemHH 1997, S. 265 (269); *Wellmann* in Rehn/Cronauge/von Lennep/Knirsch, Gemeindeordnung NRW, 53. EL 2021, § 107 Rn. 63.

424 *Helms*, Der öffentliche Zweck, S. 274 ff.

425 BVerwG, VerwRspr 1973, S. 215 (218); *Cronauge*, Kommunale Unternehmen, Rn. 414; *Wellmann* in Rehn/Cronauge/von Lennep/Knirsch, Gemeindeordnung NRW, 53. EL 2021, § 107 Rn. 70.

Was bedeutet dies nun für die Aufsichts- und Verwaltungsräte kommunaler Unternehmen und das Anforderungsprofil für deren Besetzung? Durch die Verankerung im Gesellschaftsvertrag sind diese dem öffentlichen Zweck verpflichtet, der demnach als Leitlinie für die Überwachungsaufgabe des Aufsichts- bzw. Verwaltungsrats verstanden werden kann. So hat der Aufsichts- bzw. Verwaltungsrat im Rahmen der Überwachung der Rechtmäßigkeit der Geschäftsführung u. a. sicherzustellen, dass diese nicht über den im Gesellschaftsvertrag bzw. in der Satzung festgeschriebenen und vom öffentlichen Zweck geprägten Unternehmensgegenstand hinausgeht.[426] Auf die Bedeutung des öffentlichen Zwecks für die Überwachung der Zweckmäßigkeit der Geschäftsführung wurde bereits eingegangen.[427]

Darüber hinaus sind auch die Aufsichts- und Verwaltungsräte kommunaler Unternehmen dazu angehalten, (kleinere) Veränderungen der für den öffentlichen Zweck maßgeblichen Rahmenbedingungen zu berücksichtigen, daraus die gebotenen Schlussfolgerungen für die Tätigkeit des kommunalen Unternehmens zu ziehen[428] und im Rahmen ihrer Beratungsaufgabe dem Vorstand entsprechende Anregungen zu unterbreiten.

Die insoweit dem Aufsichts- bzw. Verwaltungsrat obliegenden Aufgaben erfordern zweierlei: Erstens, eine genaue Kenntnis des öffentlichen Zwecks, um insbesondere die Rechtmäßigkeit und Zweckmäßigkeit der Geschäftsführung sowie die zweckdienliche Ausgestaltung ggf. vom Unternehmensgegenstand eingeräumter Ermessensspielräume zu überwachen. Zweitens, eine Rückbin-

426 OLG Düsseldorf, AG 2010, S 126 (127 f.); *M. Arnold* in Goette/Arnold AR-HdB § 4 Rn. 87; *Cahn/Mertens* in Kölner Kommentar AktG § 111 Rn. 14.

427 Vgl. unter D. I. 1.

428 Im Wesentlichen zu einer entsprechenden Verpflichtung des Vorstands, aber auch grundsätzlich der „Gesellschaftsorgane“ und damit auch des Aufsichts- bzw. Verwaltungsrats, *Helms*, Der öffentliche Zweck, S. 279 ff.

dung an die Interessen der Einwohner, um Veränderungen der für den öffentlichen Zweck maßgeblichen Rahmenbedingungen wahrnehmen und die daraus abzuleitenden (neuen) Bedarfe in das kommunale Unternehmen einspeisen zu können. Entsprechende Erfahrung und Sachkunde sollte vor diesem Hintergrund zwingend in das Anforderungsprofil für Aufsichts- bzw. Verwaltungsräte kommunaler Unternehmen aufgenommen werden. Insbesondere die von den Bürgerinnen und Bürgern der Kommune gewählten[429] und dem Gemeinwohl verpflichteten[430] Mitglieder der Kommunalvertretung werden diese regelmäßig besitzen. Zwar sind Aufsichts- und Verwaltungsräte kommunaler Unternehmen in der Praxis bereits weit überwiegend mit Mitgliedern der Kommunalvertretung besetzt[431], sodass insoweit offenkundig kein Nachholbedarf besteht. Gleichwohl sollte dies nicht als Selbstverständlichkeit abgetan werden, sondern das Anforderungsprofil auch diese in der Praxis meist bereits vorhandene Erfahrung und Sachkunde berücksichtigen.

D. III. Fazit zum Anforderungsprofil für die Besetzung von Aufsichts- und Verwaltungsräten kommunaler Unternehmen

Die vorstehenden Ausführungen bestätigen, dass die von jedem einzelnen Mitglied zu verlangenden Mindestkenntnisse keinesfalls ausreichen können, um sämtliche Aspekte der Überwachungsaufgabe des Aufsichts- bzw. Verwaltungsrats ordnungsgemäß wahrnehmen zu können. Ferner zeigt sich, dass Erfahrung und Sachkunde aus sehr verschiedenen Bereichen erforderlich ist bzw. sein kann, um sämtlichen Anforderungen, die insoweit an das Gesamtorgan zu stellen sind, gerecht zu werden. Welche Bereiche dies

429 § 42 Abs. 1 S. 1 GO NRW.

430 § 43 Abs. 1 Hs. 1 GO NRW.

431 *Tscheuschner*, DVP 2018, S. 171 (174 f.); *Ludwig*, Aufsichtsräte in kommunalen Unternehmen, Rn. 231.

sind und in welcher Tiefe Erfahrung und Sachkunde benötigt wird, hängt vom konkreten Einzelfall ab.[432] Die vorstehend aufgeführten Bereiche erheben demnach keinerlei Anspruch auf Vollständigkeit. Sie sollen in erster Linie der Orientierung dienen und die grundsätzlichen Erwägungen bei der Erstellung eines Anforderungsprofils für die Besetzung von Aufsichts- und Verwaltungsgräten kommunaler Unternehmen sowie bei der Identifizierung der erforderlichen Erfahrung und Sachkunde veranschaulichen.[433]

Gewiss muss man angesichts der Verschiedenartigkeit der potentiell erforderlichen Erfahrung und Sachkunde zu der Erkenntnis kommen, dass nur ein systematisches und abgestimmtes Vorgehen eine den Anforderungen entsprechende Besetzung von Aufsichts- und Verwaltungsräten kommunaler Unternehmen gewährleisten kann. Die Erstellung eines Anforderungsprofils ist in diesem Zusammenhang ein wichtiger, aber lediglich ein erster Schritt. Wie der Besetzungsprozess darüber hinaus gestaltet werden könnte, wird im nachfolgenden Teil E. skizziert.

---

432 *Habersack* in MükoAktG § 116 Rn. 24; *Cahn/Mertens* in Kölner Kommentar AktG § 116 Rn. 7.

433 Zu den Inhalten eines Anforderungsprofils und dessen Zusammenspiel mit der ebenfalls im DCGK empfohlenen Definition von Zielen (u. a. zu Alter, Zugehörigkeitsdauer und Geschlecht) für die Besetzung im Einzelnen: *v. Werder/Bartz*, DB 2017, S. 769 (771 f.); *Fleischmann* in Ghassemi-Tabar DCGK Empf. C.1 Rn. 7. Ein Beispiel eines Anforderungsprofils unter Berücksichtigung der hier identifizierten Bereiche sowie zur Zuordnung der Mitglieder zu diesen Bereichen findet sich in Anhang 2.

E. Anforderungsgerechte Besetzung von Aufsichts- und Verwaltungsräten kommunaler Unternehmen in der Praxis

Angesichts des offensichtlichen Bedarfs eines systematischen und abgestimmten Vorgehens in der Praxis zur Gewährleistung einer anforderungsgerechten Besetzung von Aufsichts- und Verwaltungsräten kommunaler Unternehmen stellt sich zunächst die Frage, anhand welcher Prozessschritte die Besetzung in der Praxis derzeit tatsächlich erfolgt. Hierzu hat *Klimke-Stripf* unlängst eine Analyse vorgelegt, die u. a. den Prozess der kommunalen Aufsichtsratsbesetzung beschreibt und auf mögliche Hemmnisse für eine anforderungsgerechte Besetzung hin untersucht.[434] Die wesentlichen Erkenntnisse dieser Analyse werden nachfolgend zusammengefasst (E. I.). Anschließend werden auf dieser Grundlage einige Maßnahmen erörtert, die eine verstärkte Berücksichtigung der in der vorliegenden Arbeit aufgezeigten Anforderungen an die Erfahrung und Sachkunde in Aufsichts- und Verwaltungsräten kommunaler Unternehmen bei deren personeller Besetzung unterstützen (E. II.).

E. I. Der Besetzungsprozess im Status Quo

Die Datengrundlage für die Analyse von *Klimke-Stripf* bilden Experteninterviews mit kommunalen Aufsichtsratsmitgliedern, Vorständen und Geschäftsführern kommunaler Unternehmen sowie mit Beschäftigten des kommunalen Beteiligungsmanagements.[435]

---

434 *Klimke-Stripf,* Aufsichtsratsarbeit in kommunalen Unternehmen, S. 4.

435 Zum methodischen Vorgehen im Rahmen der Experteninterviews und zur Bestimmung der Grundgesamtheit für die Analyse vgl. *Klimke-Stripf,* Aufsichtsratsarbeit in kommunalen Unternehmen, S. 291 ff.; demnach sind ausschließlich Aufsichtsräte privatrechtlicher kommunaler Unternehmen betrachtet worden, nicht aber z. B.

Die Analyse kommt mit Blick auf den Prozess zur Besetzung von Aufsichtsräten kommunaler Unternehmen im Wesentlichen zu folgenden Ergebnissen:

- In der Regel erfolgt die Besetzung von Aufsichtsräten kommunaler Unternehmen im Anschluss an eine Kommunalwahl entsprechend der Kräfteverhältnisse in der Kommunalvertretung nach Parteiproporz. Dabei stimmen sich zunächst die Fraktionen der Kommunalvertretung über die Frage ab, wie viele Sitze im Aufsichtsrat den einzelnen Fraktionen „zustehen". Erfahrung und Sachkunde sind in diesem Zusammenhang weder bezogen auf die Anforderungen an das einzelne Mitglied noch bezogen auf die Anforderungen an das Gesamtorgan Gegenstand der fraktionsübergreifenden Abstimmung.[436]
- Besteht Einvernehmen über die Anzahl der Sitze, erfolgt anschließend innerhalb der einzelnen Fraktionen die Auswahl der potentiellen Mitglieder für die Besetzung der Aufsichtsräte, koordiniert durch die Fraktionsvorsitzenden. Dieser Prozess ist regelmäßig geprägt von fraktionsinternen Machtkämpfen und strebt in erster Linie einen Konsens innerhalb der Fraktion an, wobei sämtliche der Faktion „zustehenden" Sitze in den Unternehmen der Kommune als Verhandlungsmasse fungieren. Soweit einschlägige Erfahrung und Sachkunde in Bezug auf die Aufsichtsräte einzelner kommunaler Unternehmen innerhalb der Fraktion vorhanden sind, bemühen sich die Fraktionen zwar, diese entsprechend einzusetzen. Insgesamt ist im Rahmen der fraktionsinternen Abstimmung der (politische) Rückhalt

Verwaltungsräte kommunaler AöRs. Von signifikanten Unterschieden zwischen den Besetzungsprozessen von Verwaltungsräten und Aufsichtsräten kommunaler Unternehmen muss angesichts der gleichgelagerten Zuständigkeit der Kommunalvertretung gem. § 113 Abs. 2 S. 1 GO NRW jedoch wohl nicht ausgegangen werden.

436 *Klimke-Stripf*, Aufsichtsratsarbeit in kommunalen Unternehmen, S. 410 ff.

der potentiellen Mitglieder jedoch von weitaus höherer Bedeutung als deren Erfahrung und Sachkunde.[437]

- Über die aus den fraktionsinternen Abstimmungen hervorgegangenen potentiellen Mitglieder der Aufsichtsräte entscheidet in einem nächsten Schritt zunächst die Kommunalvertretung.[438] Dabei sind Abweichungen von den Vorschlägen der Fraktionen in der Praxis die absolute Ausnahme. Insbesondere erfolgt keine Prüfung der erforderlichen Erfahrung und Sachkunde – weder hinsichtlich der Anforderungen an das einzelne Mitglied, noch hinsichtlich der Anforderungen an das Gesamtorgan und eines komplementären Zusammenwirkens der Erfahrung und Sachkunde der vorgeschlagenen Mitglieder.[439]
- Die finale Wahl der Mitglieder des Aufsichtsrats erfolgt schließlich – soweit es sich nicht um eine Entsendung i. S. d. § 101 Abs. 2 S. 1 AktG handelt – in der Haupt- bzw. Gesellschafterversammlung der kommunalen Unternehmen. Auch hier wird regelmäßig den Vorschlägen der Kommunalvertretung – die letztlich den Vorschlägen der Fraktionen entsprechen – gefolgt. Dies gilt auch in den Fällen, in denen weitere (private) Gesellschafter an dem kommunalen Unternehmen beteiligt und demzufolge ebenfalls in der Haupt- bzw. Gesellschafterversammlung vertreten sind.[440]

Zusammenfassend kommt die Analyse zu dem Ergebnis, dass nicht die Erfahrung und Sachkunde der Kandidatinnen und Kandidaten bei der Besetzung von Aufsichtsräten kommunaler Unternehmen entscheidungsrelevant ist, sondern allein deren Mitgliedschaft in

---

437 *Klimke-Stripf*, Aufsichtsratsarbeit in kommunalen Unternehmen, S. 417 ff.

438 Entweder gem. § 113 Abs. 2 S. 1 GO NRW im Rahmen eines Wahlvorschlags an die Haupt- bzw. Gesellschafterversammlung oder gem. § 113 Abs. 3 S. 2 GO NRW durch unmittelbare Entsendung.

439 *Klimke-Stripf*, Aufsichtsratsarbeit in kommunalen Unternehmen, S. 426 f.

440 *Klimke-Stripf*, Aufsichtsratsarbeit in kommunalen Unternehmen, S. 427 f.

der Kommunalvertretung.[441] In der Folge ist die Bestellung bzw. Entsendung externer Fachleute in der Praxis die absolute Ausnahme.[442] Ferner weisen die Ergebnisse der Analyse auf besetzungsbedingte Mängel hinsichtlich der geforderten Mindestkenntnisse der einzelnen Aufsichtsratsmitglieder hin.[443] Auch ein (fraktions-)übergreifender Prozess, der die Zusammensetzung des Gesamtorgans hinsichtlich des komplementären Zusammenwirkens der Erfahrung und Sachkunde der Mitglieder adressiert, existiert nicht.[444]

E. II. Maßnahmen für eine anforderungsgerechtere Besetzung von Aufsichts- und Verwaltungsräten kommunaler Unternehmen

Die vorstehenden Ausführungen veranschaulichen bemerkenswert deutlich, dass die derzeit vorherrschende Praxis bei der Besetzung von Aufsichts- und Verwaltungsräten kommunaler Unternehmen nicht geeignet ist, eine den Anforderungen an die Erfahrung und Sachkunde sowohl der einzelnen Mitglieder als auch des Gesamtorgans entsprechende Besetzung sicherzustellen. Angesichts dieser Erkenntnis soll an dieser Stelle ausdrücklich betont werden, dass die Anforderungen an die Erfahrung und Sachkunde in Aufsichts- und Verwaltungsräten kommunaler Unternehmen keine Empfehlungen oder Best-Practice-Ansätze darstellen. Vielmehr handelt es sich – wie in den Teilen C. und D. aufgezeigt – um eine gesetzliche Verpflichtung, die für sämtliche – auch

441 *Klimke-Stripf,* Aufsichtsratsarbeit in kommunalen Unternehmen, S. 447.

442 *Klimke-Stripf,* Aufsichtsratsarbeit in kommunalen Unternehmen, S. 415.

443 *Klimke-Stripf,* Aufsichtsratsarbeit in kommunalen Unternehmen, S. 443.

444 *Klimke-Stripf,* Aufsichtsratsarbeit in kommunalen Unternehmen, S. 432.

kommunale – Aufsichts- und Verwaltungsräte sowie ihre Mitglieder gilt. Mithin bedarf es gewisser Anpassungen der Besetzungspraxis, um dieser gesetzlichen Verpflichtung in höherem Maße nachzukommen. Mit Blick auf die Erfahrung und Sachkunde müssen die wesentlichen Ziele dabei sein:

- Die Sicherstellung einer den Mindestanforderungen gerecht werdenden Erfahrung und Sachkunde jedes einzelnen Vertreters der Kommune.
- Die Erstellung eines Anforderungsprofils für die komplementäre, im Gesamtorgan erforderliche Erfahrung und Sachkunde der Mitglieder.
- Ein Besetzungsprozess, der eine Abstimmung der Akteure über die Zusammensetzung des Gesamtorgans entsprechend der erforderlichen Erfahrung und Sachkunde vorsieht.

Nachfolgend werden vor diesem Hintergrund ein angepasster Besetzungsprozess skizziert sowie einige weitere Maßnahmen vorgeschlagen, die zu einer anforderungsgerechteren Besetzung von Aufsichts- und Verwaltungsräten kommunaler Unternehmen beitragen sollen.

E. II. 1. Berücksichtigung der Anforderungen an die Erfahrung und Sachkunde im Besetzungsprozess

Schon mit wenigen Anpassungen und Ergänzungen des unter E. I. dargestellten Besetzungsprozesses könnten die Anforderungen an die Erfahrung und Sachkunde von Aufsichts- und Verwaltungsräten kommunaler Unternehmen bei deren Besetzung eine größere Berücksichtigung erfahren. Ein entsprechend angepasster Prozess, der sich an den o. g. Zielen orientiert, könnte sich insbesondere wie folgt darstellen:

Um die Anforderungen an die Erfahrung und Sachkunde berücksichtigen zu können, sind diese Anforderungen in einem ersten

Schritt[445] zunächst zwingend zu definieren. Zu diesem Zweck sollten die Vertreter der Anteilseigner, d. h. regelmäßig der Kommune[446], im Aufsichts- bzw. Verwaltungsrat festlegen, welche Erfahrung und Sachkunde jeweils für die ordnungsgemäße Wahrnehmung der Aufgaben erforderlich ist, und zwar sowohl mit Blick auf das einzelne Mitglied (Mindestkenntnisse) als auch auf das Gesamtorgan (Anforderungsprofil mit Erfahrung und Sachkunde in verschiedenen Bereichen).[447] Eine Definition der Anforderungen jeweils durch die aktuellen kommunalen Vertreter erscheint insbesondere deshalb sinnvoll, weil diese durch eigene Erfahrung mit der Tätigkeit vertraut sind und die Anforderungen im Einzelnen somit kennen (sollten). Die Definition der Mindestkenntnisse und die Erstellung des Anforderungsprofils sollten gleichwohl in Abstimmung mit der Kommunalvertretung erfolgen, da diese im weiteren Verlauf für die Prüfung, ob die definierten Anforderungen jeweils erfüllt werden, zuständig ist[448]. Angesichts der Tatsache, dass die Vertreter der Kommune im Aufsichts- bzw. Verwaltungsrat gem. der derzeitigen Besetzungspraxis regelmäßig vollständig aus Mitgliedern der Kommunalvertretung entsprechend der dortigen Mehrheitsverhältnisse bestehen[449], dürfte eine solche Abstimmung ohne größere prozessuale Herausforderungen umsetzbar sein.

Sind mehrere Kommunen oder darüber hinaus private Dritte an einem kommunalen Unternehmen beteiligt, definieren deren Vertreter im Aufsichts- bzw. Verwaltungsrat zunächst gemeinsam die Anforderungen und stimmen den Entwurf des Anforderungsprofils dann mit ihrer jeweiligen Kommunalvertretung (bzw. dem/den

445 Dieser Schritt kann und sollte unabhängig von einer anstehenden oder durchgeführten Kommunalwahl erfolgen, die in der Praxis üblicherweise den Besetzungsprozess auslöst.

446 Ggf. mehrerer Kommunen oder privater Anteilseigner, nicht dagegen die Arbeitnehmervertreter.

447 *Lutter*, DB 2009, S. 775 (778).

448 Vgl. nachfolgend sowie unter C. II. 4.

449 Vgl. unter E. I.

privaten Beteiligten) ab. Der prozessuale Aufwand ist insoweit sicherlich höher, aber weiterhin überschaubar und angesichts der gesetzlichen Verpflichtung zur Berücksichtigung der Anforderungen notwendig.

Im Zuge des eigentlichen Besetzungsprozesses sind bei der fraktionsinternen Auswahl von Kandidaten die für den jeweiligen Aufsichts- bzw. Verwaltungsrat definierten Anforderungen zu berücksichtigen. Potentielle Kandidaten müssen demnach die Anforderungen an die definierten Mindestkenntnisse erfüllen und sollten zudem über Erfahrung und Sachkunde in mindestens einem der im erstellten Anforderungsprofil aufgeführten Bereiche verfügen, um auch einen Beitrag zur Erfüllung der Anforderungen an das Gesamtorgan zu leisten.

Vor der Befassung in der Kommunalvertretung sollte eine fraktionsübergreifende (Vor)Abstimmung erfolgen, um zu überprüfen, ob die in den einzelnen Fraktionen identifizierten Kandidaten in Summe alle im Anforderungsprofil aufgeführten Bereiche an Erfahrung und Sachkunde abdecken. Sofern einzelne Bereiche bisher nicht adressiert werden, kann entweder innerhalb der Fraktionen oder extern[450] nach Kandidaten mit der benötigten Erfahrung und Sachkunde gesucht werden.

Sind mehrere Kommunen oder darüber hinaus private Dritte an einem kommunalen Unternehmen beteiligt, ist diese (Vor)Abstimmung ohne Zweifel mit größerem Aufwand verbunden, erst recht, wenn im Anschluss an Kommunalwahlen eine umfassende Neubesetzung des Aufsichts- bzw. Verwaltungsrats erfolgt. Teilweise Abhilfe könnte insoweit die verstärkte Berücksichtigung externer Fachleute bei der Besetzung schaffen, die dem Aufsichts- bzw. Verwaltungsrat unabhängig von Kommunalwahlen für einen längeren Zeitraum angehören und so gewisse Bereiche des Anforderungsprofils kontinuierlich abdecken.[451] Wird gleichzeitig bei der Auswahl neuer Kandidaten das erstellte Anforderungsprofil

---

450 Vgl. hierzu unter E. II. 3.

451 Vgl. hierzu unter E. II. 3.

tatsächlich berücksichtigt, wird die Wahrscheinlichkeit nicht abgedeckter Bereiche und eines entsprechend erhöhten Abstimmungsbedarfs reduziert. Ungeachtet dessen gilt jedoch auch hier, dass ein erhöhter Abstimmungsbedarf angesichts der gesetzlichen Verpflichtung zur Berücksichtigung der Erfahrung und Sachkunde bei der Besetzung der Organe in Kauf zu nehmen ist.

Die Befassung in der Kommunalvertretung muss anschließend eine tatsächliche Entscheidung über die Auswahl der zu bestellenden bzw. zu entsendenden Vertreter darstellen und nicht lediglich ein (formelles) Absegnen der Auswahl durch die Fraktionen. Die entsprechenden Beschlüsse sollten demnach ausdrücklich auf die definierten Mindestanforderungen und das Anforderungsprofil verweisen und dokumentieren, dass die Erfahrung und Sachkunde der designierten Vertreter entsprechend geprüft und für ausreichend bewertet wurde.

Dass ein Besetzungsprozess wie der vorstehend skizzierte, bei dem insbesondere die einzelnen Fraktionen ihre Kandidatenauswahl miteinander abstimmen, in der Praxis – wohl aus politischen Gründen – mitunter für nicht umsetzbar erachtet wird[452], ist mit den gesetzlichen Anforderungen an die Besetzung von Aufsichts- und Verwaltungsräten kommunaler Unternehmen schlichtweg nicht in Einklang zu bringen.[453]

Elementare Voraussetzung für die Etablierung eines anforderungsgerechten Besetzungsprozesses ist gleichwohl, dass die handelnden Akteure die Erfahrung und Sachkunde in Aufsichts- und Verwaltungsräten kommunaler Unternehmen als relevantes und entscheidendes Kriterium bei deren Besetzung begreifen. Nur so ist zu erwarten, dass die Bereitschaft entsteht, sowohl den erhöhten Aufwand zu betreiben als auch die in der Vergangenheit maßgeblichen fraktionsinternen, eher politisch geprägten Interessen

---

452 *Klimke-Stripf*, Aufsichtsratsarbeit in kommunalen Unternehmen, S. 418 f.

453 Hierzu auch *Gotzen*, VR 2001, S. 163 (166).

zurückzustellen. Beitragen könnte hierzu insbesondere die formale Vorgabe einer anforderungsgerechten Besetzung durch die Kommune.

E. II. 2. Formalisierung einer anforderungsgerechten Besetzung

Als geeignetes Instrument zur Festlegung des Zusammenwirkens aller Akteure im Handlungsraum kommunaler Unternehmen kommen insbesondere Public Corporate Governance Kodizes in Frage.[454] Anders als der primär an börsennotierte Unternehmen oder an solche mit Kapitalmarktzugang gerichtete DCGK zielen PCGKs explizit auf öffentliche – also auch kommunale – Unternehmen ab und können so deren Besonderheiten berücksichtigen. In den letzten Jahren haben Kommunen verstärkt von diesem Instrument Gebrauch gemacht, u. a. um auf steigende Komplexität und neue Herausforderungen im Zusammenhang mit kommunalen Unternehmen zu reagieren.[455] Sowohl die Wirksamkeit der Ordnungsfunktion im Sinne einer Standardisierung und Kodifizierung des Zusammenwirkens aller Akteure als auch die Wirksamkeit der Verhaltenssteuerungsfunktion von PCGKs konnten in der Praxis bestätigt werden.[456] Es erscheint daher erfolgversprechend, auf notwendige Veränderungen der Besetzungspraxis durch entsprechende Regelungen in PCGKs hinzuwirken. Unterstützt wird diese Annahme auch durch die Ergebnisse der Analyse von *Klimke-Stripf*: Demnach sei die eher seltene Bestellung bzw. Entsendung externer Fachleute durch die Kommunalvertretung insbesondere in den Fällen erfolgt, in denen diese Möglichkeit ausdrücklich schriftlich fixiert war.[457]

---

454 *Tscheuschner*, DVP 2018, S. 171 (171 f.).

455 *Tscheuschner*, DVP 2018, S. 171 (172); *Nolte/Daute/Pott*, ZCG 2023, S. 55 (55).

456 *Nolte/Daute/Pott*, ZCG 2023, S. 55 (58).

457 *Klimke-Stripf*, Aufsichtsratsarbeit in kommunalen Unternehmen, S. 415; zwar wird hier auf entsprechende Reglungen in Satzungen

Als Orientierung für PCGKs auf kommunaler Ebene kann der Deutsche Public Corporate Governance-Musterkodex herangezogen werden. Dieser sieht sowohl eine Besetzung von Aufsichts- und Verwaltungsräten kommunaler Unternehmen dergestalt vor, dass die „Mitglieder insgesamt über die zur ordnungsgemäßen Wahrnehmung der Aufgaben erforderlichen Kenntnisse, Fähigkeiten und fachlichen Erfahrungen verfügen", als auch die Erstellung eines Anforderungsprofils in Abhängigkeit von Gegenstand und Größe des Unternehmens.[458] Die gesetzlichen Anforderungen an die Erfahrung und Sachkunde des Gesamtorgans werden damit angemessen adressiert. Mit Blick auf die Umsetzung auf kommunaler Ebene besteht insoweit jedoch noch Verbesserungspotential: So zeigt eine Stichprobe der PCGKs der fünf gemessen an der Einwohnerzahl größten Kommunen in NRW, dass lediglich der PCGK der Stadt Dortmund die Erstellung eines Anforderungsprofils für die Besetzung von Aufsichts- bzw. Verwaltungsräten vorsieht.[459] Die PCGKs der Städte Köln, Düsseldorf, Essen und Duisburg enthalten dagegen keine entsprechende Regelung.

Werden die Anforderungen an das Gesamtorgan im Musterkodex noch zutreffend berücksichtigt, fehlt es dort jedoch an einer ausdrücklichen Aussage zu den an jeden einzelnen Vertreter der Kommune zu stellenden Anforderungen an die Mindestkenntnisse.[460] Diese werden wiederum in den PCGKs der Städte Köln, Düsseldorf, Essen und Duisburg in den Blick genommen, wenngleich die

oder Gesellschaftsverträgen abgestellt, eine Übertragung der Erkenntnis auf PCGKs liegt jedoch nahe, legen diese doch gleichfalls Regelungen für kommunale Unternehmen fest, jedoch anders als Satzungen oder Gesellschaftsverträge nicht für ein Unternehmen, sondern für alle Unternehmen der Kommune.

458 *Expertenkommission Deutscher Public Corporate Govenance-Musterkodex*, D-PCGM, Rn. 49, 51.

459 *Stadt Dortmund*, PCGK Ziffer 4.2.1.

460 Zu den erforderlichen Mindestkenntnissen des einzelnen Mitglieds vgl. unter C. I. 2.

Verpflichtung zur Sicherstellung einer den Anforderungen entsprechenden Erfahrung und Sachkunde dort allein den Vertretern selbst auferlegt wird.[461] Dass es sich bei den Mindestkenntnissen des einzelnen Vertreters um eine – nunmehr in § 113 Abs. 6 S. 1 GO NRW ausdrücklich geforderte – Voraussetzung für die Wahrnehmung eines Mandats in einem Aufsichts- bzw. Verwaltungsrat kommunaler Unternehmen handelt, die die Kommunalvertretung bei Bestellung bzw. Entsendung zu prüfen hat, berücksichtigen die Regelungen in den PCGKs bisher nicht.[462]

Mithin scheint nicht zuletzt vor dem Hintergrund der Einführung des § 113 Abs. 6 S. 1 GO NRW eine Ergänzung der kommunalen PCGKs erforderlich, die

- die vom einzelnen Vertreter zu fordernden Mindestkenntnisse ausdrücklich als Voraussetzung für die Mitgliedschaft in einem Aufsichts- bzw. Verwaltungsrat eines kommunalen Unternehmens bestimmt,
- die Identifizierung der im Gesamtorgan erforderlichen (komplementären) Erfahrung und Sachkunde in Form eines Anforderungsprofils sowie dessen regelmäßige Überprüfung[463] vorsieht und

---

461 *Stadt Köln*, PCGK Ziffer 2.2.4; *Stadt Düsseldorf*, PCGK Ziffer 2.2.4; *Stadt Essen*, PCGK Ziffer 2.2.2; *Stadt Duisburg*, PCGK Ziffer 2.2.4; der PCGK der Stadt Dortmund entspricht hinsichtlich der Anforderungen an die Erfahrung und Sachkunde der Mitglieder des Aufsichtsorgans dem Musterkodex und enthält keine entsprechende Regelung.

462 Die Formulierungen dort lauten vielmehr „Jedes Aufsichtsratsmitglied soll/sollte durch seine eigene persönliche und fachliche Qualifikation dafür sorgen, dass es seine Aufgabe und Verantwortlichkeit [...] erfüllen kann." (Köln, Düsseldorf, Duisburg) bzw. „Die Mitglieder des Aufsichtsrates sollen durch eigene persönliche und fachliche Fort- und Weiterbildung dafür sorgen, dass sie ihre Aufgaben und Verantwortlichkeit erfüllen können." (Essen).

463 *Wolff* in Dörrwächter, Corporate Governance, S. 73 (79).

- eine Besetzung des Gesamtorgans entsprechend der im konkreten Einzelfall erforderlichen (komplementären) Erfahrung und Sachkunde festschreibt.

Werden entsprechende Ergänzungen der PCGKs vorgenommen, sollten diese auch allen Akteuren proaktiv kommuniziert und nachdrücklich auf deren Einhaltung hingewiesen werden, um die in der Praxis mitunter zu beobachtende Nichtberücksichtigung von Regelungen der PCGKs aufgrund von Unkenntnis[464] vorzubeugen.

E. II. 3. Vermehrte Berücksichtigung externer Fachleute

Anforderungsprofile für die Besetzung von Aufsichts- bzw. Verwaltungsräten kommunaler Unternehmen werden stets eine ganze Reihe verschiedener Bereiche an Erfahrung und Sachkunde umfassen[465], sodass regelmäßig nicht davon ausgegangen werden kann, dass diese durchweg in der Kommunalvertretung vorhanden sind. Mithin ist es im Sinne einer anforderungsgerechten Besetzung nicht zielführend, den Kreis potentieller Kandidatinnen und Kandidaten auf Mitglieder der Kommunalvertretung zu begrenzen, wie es in der Praxis derzeit üblich ist[466]. Auch das Demokratieprinzip erfordert keine Besetzung von Aufsichts- und Verwaltungsräten kommunaler Unternehmen ausschließlich oder überwiegend mit Mitgliedern der Kommunalvertretung. Im klassischen Modell der Verwaltungslegitimation[467] können vielmehr legitim gewählte

464 *Nolte/Daute/Pott*, ZCG 2023, S. 55 (60).

465 Vgl. unter D. II.

466 *Klimke-Stripf*, Aufsichtsratsarbeit in kommunalen Unternehmen, S. 404 ff.

467 BVerfG in NJW 1979, S. 359 (359 ff.); *Schmidt-Aßmann*, AöR 1991, S. 329 (355 ff.); *Trute* in Voßkuhle/Eifert/Möllers, Grundlagen des Verwaltungsrechts, S. 551 (551 ff.); neben der hier angesprochenen organisatorisch-personellen Legitimation umfasst das Modell die sachlich-inhaltliche sowie die institutionell-funktionale

oder ernannte Personen bzw. Gremien ihrerseits durch Wahl oder Ernennung Legitimation an andere Personen weitergeben.[468] Wählt die Kommunalvertretung Vertreter für die Besetzung von Aufsichts- und Verwaltungsräten kommunaler Unternehmen, sind demzufolge auch mit der Wahl (aus Sicht der Kommunalvertretung) externer Fachleute keine Mängel in Bezug auf die erforderliche Legitimationskette verbunden.[469]

Auch ist es nicht erforderlich, dass die Mitglieder der Kommunalvertretung durch ihre Mitgliedschaft im Aufsichts- bzw. Verwaltungsrat aus erster Hand Informationen aus diesen Gremien erhalten, bzw. unmittelbar an den dort zu treffenden Entscheidungen mitwirken. Der aus der Wahl insbesondere privatrechtlicher Rechtsformen resultierenden Verselbständigung kommunaler Unternehmen ist immanent, dass wesentliche Entscheidungen grundsätzlich nicht im Rat, sondern in den Unternehmensorganen getroffen werden.[470] Soweit dies im Einzelfall nicht akzeptiert werden kann, steht der Kommune die Rechtsform des Eigenbetriebs zur Verfügung, bei dem der Betriebsausschuss als Aufsichtsorgan ein Ausschuss der Kommunalvertretung ist[471]. Insbesondere bei kommunalen Unternehmen in der Rechtsform einer GmbH mit fakultativem Aufsichtsrat sorgt die Möglichkeit, Weisungsrechte der Kommunalvertretung gegenüber den Aufsichtsratsmitgliedern vorzusehen und deren Verschwiegenheitspflicht

---

Legitimation, die insgesamt ein ausreichendes Legitimationsniveau herstellen müssen.

468 *Schmidt-Aßmann*, AöR 1991, S. 329 (360).

469 Dagegen kann die Mitbestimmung in Aufsichts- bzw. Verwaltungsräten kommunaler Unternehmen hinsichtlich der demokratischen Legitimation problematisch sein, VerfGH NRW in NVwZ 1987, S. 211 (213) zur mangelnden Fähigkeit der Beschäftigtenvertretung im Verwaltungsrat von Sparkassen, demokratische Legitimation zu vermitteln.

470 *Cronauge*, Kommunale Unternehmen, Rn. 136.

471 § 5 Abs. 1 S. 1 EigVO NRW.

einzuschränken[472], zudem dafür, dass der Einfluss und die Informationsversorgung der Kommunalvertretung nur in vergleichsweise geringem Umfang reduziert werden.[473] Gegen die Besetzung von Aufsichts- und Verwaltungsräten mit externen Fachleuten sprechen daher insgesamt keine durchgreifenden sachlichen Argumente.

Allein die Erkenntnis, dass die Besetzung von Aufsichts- und Verwaltungsräten kommunaler Unternehmen mit externen Fachleuten möglich und im Zuge der anforderungsgerechten Besetzung regelmäßig wohl auch erforderlich[474] ist, wird für eine Veränderung der Besetzungspraxis nicht ausreichen. Zunächst scheint es auch insoweit zielführend, die Möglichkeit – oder eine Verpflichtung – zur (teilweisen) Besetzung mit externen Fachleuten formal zu implementieren. So sieht der D-PCGM vor, dass „zumindest ein externes und unabhängiges Mitglied mit ausgewiesener Eignung und/oder Branchenkenntnis in das Aufsichtsorgan entsendet werden“ soll.[475]

Neben formalen Aspekten stell sich in diesem Zusammenhang ferner die Frage, wie entsprechend sachkundige Personen identifiziert und gewonnen werden können. Zunächst ist davon auszugehen, dass die Mitglieder der Kommunalvertretung in der lokalen Gesellschaft und Wirtschaft gut vernetzt sind, entsprechend also

472 Vgl. unter B. III. 3.; zur Öffnung der Verschwiegenheitspflicht kommunaler Vertreter in GmbHs mit fakultativem Aufsichtsrat gegenüber den Mitgliedern und Fraktionen der Kommunalvertretung sowie der Öffentlichkeit, *Zieglmeier*, ZGR 2007, S. 144 (162 f.).

473 Zur Unbedenklichkeit der Rechtsform der GmbH in Bezug auf einen angemessenen Einfluss der Kommune und das Demokratieprinzip: *Mayen*, DÖV 2001, S. 110 (113).

474 *Kaster* erwartet im Zuge der Einführung des § 113 Abs. 6 S. 1 GO NRW einen verstärkten Fokus auf externe Fachleute, in BeckOK KommunalR NRW, GO NRW § 113 Rn. 30a.

475 *Expertenkommission Deutscher Public Corporate Govenance-Musterkodex*, D-PCGM, Rn. 54.

über eine Vielzahl von Kontakten u. a. auch zu Personen verfügen, die im Einzelfall einschlägige Erfahrung und Sachkunde besitzen. Auch die Verbindungen zur Kommunalverwaltung sind natürlicherweise eng, sodass auch hier geeignete Personen akquiriert werden können.

An dieser Stelle soll zudem der Gedanke aus Teil D. II. 3. aufgegriffen werden, angesichts des nicht vorhandenen bzw. sehr eingeschränkten Wettbewerbs kommunaler Unternehmen untereinander Vorstände und leitende Angestellte kommunaler Unternehmen anderer Kommunen für die Besetzung von Aufsichts- und Verwaltungsräten in den Blick zu nehmen. Wird im Zuge der Besetzung entsprechend des erstellten Anforderungsprofils deutlich, dass Erfahrung und Sachkunde in einem oder mehreren erforderlichen Bereichen nicht von Mitgliedern der Kommunalvertretung oder von Personen aus deren Netzwerk abgedeckt werden können, könnten über ein Ausschreibungsportal bei den kommunalen Spitzenverbänden oder beim Verband kommunaler Unternehmen geeignete Personen aus dieser Sphäre gesucht werden. Auch wäre es umgekehrt denkbar, dass an einem Mandat im Aufsichts- bzw. Verwaltungsrat kommunaler Unternehmen interessierte Personen dieses Interesse unter Angabe ihrer Erfahrung und Sachkunde auf einem bei den Verbänden betriebenen Portal kommunizieren.

Schließlich sollte insbesondere bei großen kommunalen Unternehmen im Einzelfall – z. B. wenn Erfahrung und Sachkunde in einem bestimmten Bereich als besonders kritisch identifiziert wird, aber anders nicht beschafft werden kann – auch die Beauftragung einer Personalberatung mit der Suche nach geeigneten Personen in Erwägung gezogen werden. Die dabei entstehenden Kosten dürften angesichts der Bedeutung der ordnungsgemäßen Wahrnehmung der Aufgaben des Aufsichts- bzw. Verwaltungsrats für die Kommune in der Regel verhältnismäßig sein.

Die Besetzung mit externen Fachleuten sollte insbesondere in diesen Fällen idealerweise konsensual von möglichst allen Fraktionen getragen werden, sodass im Anschluss an Kommunalwahlen eine Bestätigung dieser Personen möglich[476] ist und keine erneute Suche erforderlich wird. Darüber hinaus wäre es der sowohl im Interesse des Unternehmens als auch der Kommune[477] liegenden Kontinuität der Besetzung[478] dieser Gremien zuträglich, wenn einmal gewonnene externe Fachleute längerfristig im Aufsichts- bzw. Verwaltungsrat tätig wären.

E. II. 4. Angemessene Vergütung

Insbesondere für die Gewinnung externer Fachleute im Rahmen der Besetzung von Aufsichts- und Verwaltungsräten kommunaler Unternehmen erscheint es erforderlich, den Mitgliedern eine angemessene Vergütung für ihre Tätigkeit zu gewähren. Ein Rechtsanspruch auf eine Vergütung besteht nicht[479], diese kann vielmehr durch Satzung bzw. Gesellschaftsvertrag oder durch Beschluss der

---

476 Im Verwaltungsrat einer AöR würde auch für externe Fachleute gem. § 114a Abs. 8 S. 6 GO NRW die Amtszeit mit dem Ende der Wahlperiode enden, sodass eine erneute Wahl zu deren Bestätigung erforderlich wird. Gleiches gilt für Aufsichtsräte kommunaler GmbHs und AGs, soweit Satzung oder Gesellschaftsvertrag die Amtszeit mit der Wahlperiode verknüpfen, *Bätge*, Arbeit in Aufsichts- und Verwaltungsräten, S. 31. Ungeachtet dessen reichen veränderte Mehrheitsverhältnisse in der Kommunalvertretung ohne eine entsprechende Regelung in Satzung oder Gesellschaftsvertrag grundsätzlich nicht als Begründung für eine (vorzeitige) Abberufung von Vertretern der Kommune in Aufsichtsräten kommunaler Unternehmen aus, OVG Münster in NVwZ 1990, S. 791 (792 f.); *Schwintowski*, NJW 1995, S. 1316 (1320); *Meier*, ZKF 2021, S. 53 (53 f.).

477 Insbesondere können so einzelne Bereiche des Anforderungsprofils dauerhaft abgedeckt werden, vgl. unter E. II. 1.

478 OVG Münster in NVwZ 1990, S. 791 (793).

479 *Habersack* in MükoAktG § 113 Rn. 33; *v. Schenk* in Semler/v. Schenk/Wilsing AR-HdB § 1 Rn. 50.

Haupt- bzw. Gesellschafterversammlung[480] vorgesehen werden. Für potentielle Mitglieder ist dabei regelmäßig nicht die absolute Höhe der Vergütung maßgeblich, sondern vielmehr deren Angemessenheit bezogen auf das konkrete Mandat.[481] Auch das Kommunal- und das Gesellschaftsrecht schreiben bei Gewährung einer Vergütung deren angemessene Ausgestaltung vor.[482] Maßgebliche Kriterien für die Angemessenheit sind die Aufgaben der Mitglieder, insbesondere unter Berücksichtigung des zeitlichen Aufwands und der Verantwortlichkeit[483], sowie die (Vermögens)Lage der Gesellschaft.[484] Das Gebot der Angemessenheit bewirkt lediglich eine Begrenzung nach oben, nicht jedoch nach unten.[485] Zwischen einer unentgeltlichen Tätigkeit der Mitglieder des Aufsichts- bzw. Verwaltungsrats und der im Rahmen der Angemessenheit maximalen Obergrenze ist demzufolge jede Vergütungshöhe zulässig.

Eine funktionsbezogene Differenzierung der Vergütungshöhe, z. B. für den Vorsitz im Gesamtgremium oder die Mitgliedschaft in einem Ausschuss, kann festgelegt werden.[486] Umstritten ist dagegen, ob auch die Zahlung einer höheren Vergütung für besondere

---

480 § 113 Abs. 1 S. 2 AktG; bei einer AöR allein durch Satzung gem. § 2 Abs. 2 S. 3 KUV NRW.

481 *Schoppen*, Unternehmenszukunft, S. 54.

482 § 2 Abs. 2 S. 1 KUV NRW bzw. § 113 Abs. 1 S. 3 AktG.

483 Diese umfasst auch das Haftungsrisiko, *Cahn/Mertens* in Kölner Kommentar AktG § 113 Rn. 30.

484 *Habersack* in MükoAktG § 113 Rn. 46; *Cahn/Mertens* in Kölner Kommentar AktG § 113 Rn. 31, 33; *Grau* in Semler/v. Schenk/Wilsing AR-HdB § 13 Rn. 50; *Wasmann/Gärtner* in Goette/Arnold AR-HdB § 6 Rn. 45.

485 Dies folgt insbesondere aus der Tatsache, dass die Gewährung einer Vergütung nicht obligatorisch ist, *Habersack* in MükoAktG § 113 Rn. 47; *Cahn/Mertens* in Kölner Kommentar AktG § 113 Rn. 30; *Koch* AktG § 113 Rn. 20.

486 *Habersack* in MükoAktG § 113 Rn. 45; *Grau* in Semler/v. Schenk/Wilsing AR-HdB § 13 Rn. 56; *Wasmann/Gärtner* in Goette/Arnold AR-HdB § 6 Rn. 54.

Qualifikation zulässig ist[487], was insbesondere im Zusammenhang mit der Gewinnung externer Fachleute für Aufsichts- und Verwaltungsräte kommunaler Unternehmen grundsätzlich von Interesse sein könnte.

Sowohl der Musterkodex als auch die PCGKs der fünf größten Kommunen in NRW sehen die Möglichkeit einer Vergütung der Mitglieder von Aufsichts- bzw. Verwaltungsräten vor.[488] Gleichwohl wird in der Praxis die geringe Vergütungshöhe mitunter als Hemmnis für die Gewinnung externer Fachleute gesehen.[489] Dies könnte darauf hindeuten, dass sich die Vergütungshöhe bei kommunalen Unternehmen bisher eher im unteren Bereich des zulässigen Spektrums bewegt. Insoweit bestehender Nachholbedarf sollte daher insbesondere bei großen kommunalen Unternehmen, bei denen die in der Regel größere Verantwortlichkeit der Mitglieder des Aufsichts- bzw. Verwaltungsrats sowie die Vermögenslage der Gesellschaft höhere Vergütungen rechtfertigen, überprüft werden.

---

487 Eher für die Zulässigkeit einer Differenzierung auch insoweit: *Lutter/Krieger/Verse*, Rechte und Pflichten des AR Rn. 843; *Lutter*, AG 1979, S. 85 (89); kritisch hierzu: *Habersack* in MükoAktG § 113 Rn. 45; *Cahn/Mertens* in Kölner Kommentar AktG § 113 Rn. 10, *Koch* AktG § 113 Rn. 20; *Wasmann/Gärtner* in Goette/Arnold AR-HdB § 6 Rn. 53; *Grau* in Semler/v. Schenk/Wilsing AR-HdB § 13 Rn. 57.

488 *Expertenkommission Deutscher Public Corporate Govenance-Musterkodex*, D-PCGM, Rn. 81; *Stadt Köln*, PCGK Ziffer 2.7.1; *Stadt Düsseldorf*, PCGK Ziffer 2.6.1; *Stadt Dortmund*, PCGK Ziffer 4.7.1; *Stadt Duisburg*, PCGK Ziffer 2.7.1; lediglich der PCGK der Stadt Essen geht dabei nicht auf die Angemessenheit der Vergütung ein, *Stadt Essen*, PCGK Ziffer 2.6.1.

489 *Klimke-Stripf*, Aufsichtsratsarbeit in kommunalen Unternehmen, S. 515.

E. II. 5. Einschränkung der Haftungsfreistellung

Wie unter C. II. 2. bereits herausgearbeitet, verpflichtet § 113 Abs. 6 S. 1 GO NRW sowohl die Kommunalvertretung, das Vorliegen der erforderlichen Erfahrung und Sachkunde von Vertretern vor deren Bestellung bzw. Entsendung in den Aufsichts- bzw. Verwaltungsrat eines kommunalen Unternehmens zu prüfen, als auch die Vertreter selbst, die – vergleichbar dem gesellschaftsrechtsrechtlichen Verständnis[490] – dafür einzustehen haben, dass sie über die erforderliche Erfahrung und Sachkunde (hier im Sinne der vom einzelnen Mitglied zu fordernden Mindestkenntnisse) verfügen und dies auch fortlaufend gewährleisten. Ferner wurde bereits festgestellt, dass Vertreter der Kommunen in Aufsichts- und Verwaltungsräten kommunaler Unternehmen ein vergleichsweise geringes Risiko tragen, für Schäden, die dem kommunalen Unternehmen aufgrund nicht ausreichend vorhandener Erfahrung und Sachkunde des Vertreters entstehen, in Anspruch genommen zu werden. Ursächlich hierfür ist die Feststellung, dass bei derartigen Schäden regelmäßig nicht von grober Fahrlässigkeit oder gar Vorsatz auszugehen ist und so entweder erst gar kein Haftungsanspruch entsteht[491] oder die Vertreter von diesem durch die Kommune freigestellt werden.[492]

Mithin könnte die Haftungsfreistellung des § 113 Abs. 7 S. 1 GO NRW potentielle Vertreter der Kommunen in Aufsichts- und Verwaltungsräten dazu verleiten, entweder Mandate zu übernehmen, für die sie die erforderliche Erfahrung und Sachkunde nicht besitzen, oder – soweit sie ein solches Mandat bereits innehaben – ihrer Pflicht zur laufenden Aufrechterhaltung der Erfahrung und Sachkunde u. a. durch Teilnahme an Fortbildungen nicht

490 Vgl. unter C. I. 3.

491 Für Mitglieder des Verwaltungsrats einer AöR gem. § 2 Abs. 4 KUV NRW i. V. m. § 43 Abs. 4 Buchst. a) GO NRW.

492 Vgl. unter C. II. 4.

nachzukommen, da sie insoweit letztlich keinem tatsächlichen Haftungsrisiko ausgesetzt sind.[493]

Gotzen hat angesichts dieser Erkenntnis nicht nur bereits lange vor der Einführung des § 113 Abs. 6 S. 1 GO NRW eine kommunalrechtliche Regelung zur Sachkunde kommunaler Vertreter in Aufsichts- und Verwaltungsräten kommunaler Unternehmen gefordert. Er hat ergänzend auch den Entfall der Haftungsfreistellung nach § 113 Abs. 7 S. 1 GO NRW für die Fälle vorgeschlagen, in denen die Anforderungen an die Erfahrung und Sachkunde nicht beachtet werden.[494] Mit Blick auf die nunmehr vorliegende Vorschrift des § 113 Abs. 6 S. 1 GO NRW und die zwischen Kommunalvertretung und Vertreter aufgeteilte Verpflichtung zur Sicherstellung der erforderlichen Erfahrung und Sachkunde[495] wird man den Vertretern (zumindest im Innenverhältnis) jedoch ein gewisses Vertrauen auf die Prüfung der Erfahrung und Sachkunde durch die Kommunalvertretung zugestehen müssen.[496] Mithin wäre es unbillig, dem Vertreter eine Haftungsfreistellung zu versagen, wenn die Prüfung der Erfahrung und Sachkunde durch die Kommunalvertretung mangelhaft war. Gleichwohl könnte ein Entfall der Haftungsfreistellung für die Fälle erwogen werden, in denen Vertreter ihrer Verpflichtung zur Weiterbildung nach § 113 Abs. 6 S. 3 GO NRW nicht nachkommen und für Schäden haftbar gemacht werden, die dem kommunalen Unternehmen aufgrund fehlender Erfahrung und Sachkunde des Vertreters entstanden sind.[497]

493 Zur kontraproduktiven Wirkung der Haftungsfreistellung nach § 113 Abs. 7 S. 1. GO NRW auf die Anforderungen an Erfahrung und Sachkunde, *Gotzen*, VR 2001, S. 163 (165 f.).

494 *Gotzen*, VR 2001, S. 163 (166).

495 Vgl. unter C. II. 2.

496 Vorausgesetzt eine solche Prüfung wird auch tatsächlich und mit der gebotenen Sorgfalt durchgeführt.

497 Eine entsprechende Formulierung könnte in einem § 113 Abs. 7 S. 3 GO NRW vorgesehen werden und lauten: „Der Anspruch auf

Zwar würde diese Maßnahme nicht unmittelbar die anforderungsgerechte Besetzung von Aufsichts- und Verwaltungsräten kommunaler Unternehmen adressieren, jedoch durch ein zusätzliches Regulativ gleichwohl dazu beitragen, dass die Anforderungen an die Erfahrung und Sachkunde von Aufsichts- und Verwaltungsräten kommunaler Unternehmen auch über den Zeitpunkt der Bestellung bzw. Entsendung der Vertreter hinaus dauerhaft erfüllt werden. Mithin würde insoweit auch das Risiko der Kommune, Schäden gem. § 113 Abs. 7 GO NRW ersetzen zu müssen, reduziert.[498]

Schadenersatz entfällt, wenn ein Vertreter seiner Verpflichtung nach Absatz 6 Satz 3 nicht nachkommt und für Schäden haftbar gemacht wird, die auf unzureichende Erfahrung und Sachkunde im Sinne des Absatz 6 Satz 1 zurückzuführen sind.".

498 Mit Blick auf § 113 Abs. 7 GO NRW erscheint es darüber hinaus grundsätzlich erwägenswert, zumindest bei großen kommunalen Unternehmen mit entsprechend höheren Haftungsrisiken eine sog. D&O-Versicherung für die Mitglieder des Aufsichts- bzw. Verwaltungsrats abzuschließen, durch die das Risiko der Kommune, Schäden gem. § 113 Abs. 7 GO NRW ersetzen zu müssen, insgesamt reduziert wird. Dabei wird insbesondere die Häufigkeit solcher Schäden und anschließendem Schadenersatz der Kommune bei entsprechenden Überlegungen zu berücksichtigen sein, zu der jedoch keine belastbaren Statistiken bekannt sind. Zu Einzelheiten der Ausgestaltung und Wirkung einer D&O-Versicherung vgl. *Ek/Kock* Haftungsrisiken Rn. 651 ff. Eine D&O-Versicherung kann zudem die mitunter geringe Bereitschaft erhöhen, Ansprüche gegen Organmitglieder geltend zu machen, da ein (weiterer) solventer Schuldner existiert, *Hölters/Hölters* in Hölters/Weber AktG § 93 Rn. 397; *Ek/Kock* Haftungsrisiken Rn. 654.

E. III. Fazit zur anforderungsgerechten Besetzung von Aufsichts- und Verwaltungsräten kommunaler Unternehmen

Die aktuelle Praxis zur Besetzung von Aufsichts- und Verwaltungsräten kommunaler Unternehmen weist angesichts der dargestellten Ergebnisse ohne Zweifel Mängel hinsichtlich der Anforderungen an die Erfahrung und Sachkunde sowohl der einzelnen Mitglieder als auch des Gesamtorgans auf. Insbesondere die eine Anpassung des Besetzungsprozesses sowie die vermehrte Berücksichtigung externer Fachleute erscheinen sinnvoll, um insoweit Verbesserungen zu erzielen und den gesetzlichen Anforderungen ausreichend Rechnung zu tragen. Weder durch die hier vorgeschlagenen, noch durch weitere denkbare Maßnahmen wird es jedoch in jedem Einzelfall gelingen, eine vollständig den Anforderungen entsprechende Besetzung von Aufsichts- und Verwaltungsräten kommunaler Unternehmen zu erreichen. So sind sicherlich Zweifel angebracht, ob selbst bei einer vermehrten Berücksichtigung auch externer Fachleute eine ausreichende Anzahl an Personen mit der jeweils im Einzelfall erforderlichen Erfahrung und Sachkunde zur Besetzung sämtlicher Mandate der Kommune gefunden werden kann. Hinzu kommen weitere begrenzende Faktoren, wie u. a. Altersgrenzen, die zeitliche Verfügbarkeit und die Begrenzung der Anzahl wahrgenommener Mandate.[499] Diese unzweifelhaft bestehenden Herausforderungen können und dürfen jedoch nicht zum Anlasse genommen werden, eine anforderungsgerechte Besetzung erst gar nicht anzustreben.

---

499 *Schoppen,* Unternehmenszukunft, S. 50-52; *Expertenkommission Deutscher Public Corporate Govenance-Musterkodex,* D-PCGM, Rn. 53, 79.

F. Gesamtfazit und Ausblick

In der Einleitung sowie in Teil B. der vorliegenden Arbeit wurde aufgezeigt, dass Aufsichts- und Verwaltungsräten eine entscheidende Rolle dabei zukommt, einen im Sinne des Demokratieprinzips angemessenen Einfluss der Kommune auf kommunale Unternehmen zu gewährleisten. Dieser Rolle können sie gerecht werden, weil Ihnen im Kompetenzgefüge der Unternehmensorgane – betrachtet wurden hier insoweit die Rechtsformen der AöR, der AG und der GmbH – wesentliche Aufgaben obliegen, insbesondere die Überwachung der Geschäftsführung durch den Vorstand[500]. Um diese Aufgaben ordnungsgemäß wahrnehmen zu können, müssen die Aufsichts- und Verwaltungsräte kommunaler Unternehmen jedoch über die hierfür erforderliche Erfahrung und Sachkunde verfügen.

Mit der Einführung des § 113 Abs. 6 S. 1 GO NRW macht das nordrhein-westfälische Kommunalrecht die erforderliche Erfahrung und Sachkunde ausdrücklich zur Voraussetzung für die Bestellung bzw. Entsendung von Vertretern der Kommune in Aufsichts- und Verwaltungsräte kommunaler Unternehmen. Die Vorschrift wurde in Teil C. hinsichtlich der Fragen untersucht, ob es sich dabei um eine Konkretisierung bereits zuvor bestehender gesellschaftsrechtlicher Anforderungen handelt, ob Anforderungen an die Erfahrung und Sachkunde sowohl des einzelnen Vertreters als auch des Gesamtorgans gestellt werden und ob ein zusätzlicher Schutz vor Haftungsrisiken hergestellt wird. Dabei wurde insbesondere festgestellt, dass die bisher bereits geltenden gesellschaftsrechtlichen Anforderungen allein für kommunale Unternehmen in Privatrechtsform Gültigkeit besaßen. Für kommunale Unternehmen in öffentlich-rechtlichen Rechtsformen stellt § 113 Abs. 6 S. 1 GO NRW erstmals[501] Anforderungen an die Erfahrung und Sachkunde von

500 Bzw. den oder die Geschäftsführer einer GmbH.

501 Eine Ausnahme bilden insoweit lediglich Sparkassen, vgl. Fn. 241.

Aufsichts- und Verwaltungsräten kommunaler Unternehmen. Auch macht das Gesellschaftsrecht, anders als nunmehr § 113 Abs. 6 S. 1 GO NRW, die Erfahrung und Sachkunde nicht zur Voraussetzung für eine Bestellung bzw. Entsendung. Die Vorschrift hat mithin nicht ausschließlich konkretisierenden Charakter, wie ihn die Gesetzesbegründung darstellt. Dies ändert jedoch nichts an der Tatsache, dass die Einführung des § 113 Abs. 6 S. 1 GO NRW angesichts der Aufgaben der Aufsichts- und Verwaltungsräte kommunaler Unternehmen inhaltlich durchweg zu begrüßen ist. Einschlägige Erfahrung und Sachkunde ist für eine ordnungsgemäße Aufgabenwahrnehmung unerlässlich, sodass sichergestellt sein muss, dass diese auch vorliegt.

Gelingt dies, reduziert sich auch das Risiko von Schäden der kommunalen Unternehmen, die durch mangelnde Erfahrung und Sachkunde der Aufsichts- und Verwaltungsräte entstehen können. Da den Vertretern in Aufsichts- und Verwaltungsräten insoweit jedoch regelmäßig keine grobe Fahrlässigkeit (oder gar Vorsatz) vorzuwerfen sein wird, werden nicht diese durch § 113 Abs. 6 S. 1 GO NRW vor entsprechenden Haftungsrisiken geschützt, sondern vielmehr die Kommunen, die nach § 113 Abs. 7 S. 1 GO NRW den Vertretern aus Haftungsansprüchen entstandene Schäden zu ersetzen haben.

Nur folgerichtig erscheint es, aus § 113 Abs. 6 S. 1 GO – zumindest in Bezug auf kommunale Unternehmen ohne Beteiligung privater Dritter[502] – nicht allein Anforderungen an die Erfahrung und Sachkunde des einzelnen Vertreters, sondern auch darüber hinausgehende Anforderungen an die Erfahrung und Sachkunde des Gesamtorgans abzuleiten. Dies folgt insbesondere aus der Erkenntnis, dass vom einzelnen Vertreter nicht Erfahrung und Sachkunde auf sämtlichen Gebieten verlangt werden kann, die der Aufsichts-

502 Bei kommunalen Unternehmen in privatrechtlicher Rechtsform mit (auch) privaten Beteiligten ergeben sich die Anforderungen an das Gesamtorgan allein aus dem Gesellschaftsrecht.

bzw. Verwaltungsrat insgesamt benötigt, um seine Aufgaben ordnungsgemäß wahrzunehmen. Im Umkehrschluss muss der Aufsichts- bzw. Verwaltungsrat demzufolge mit Personen besetzt sein, die über komplementäre und für das konkrete Unternehmen erforderliche Erfahrung und Sachkunde in verschiedenen Bereichen verfügen.

Um die Voraussetzungen hierfür zu schaffen sollte in einem Anforderungsprofil bestimmt werden, welche Bereiche dies im Einzelnen sind. Mit dieser Frage hat sich Teil D. der vorliegenden Arbeit befasst. Abzuleiten ist die erforderliche Erfahrung und Sachkunde insbesondere aus der Überwachungsaufgabe des Aufsichts- bzw. Verwaltungsrats, die sich aus der vergangenheitsbezogenen Kontrolle sowie der zukunftsgerichteten Beratung des Vorstands zusammensetzt. Dabei erscheint es insbesondere in Bezug auf die Kontrolle erforderlich, im Anforderungsprofil juristische Kenntnisse sowie Kenntnisse im Bereich Rechnungslegung und Abschlussprüfung vorzusehen. Nicht ausschließlich aber zuvorderst mit Blick auf die Beratungsaufgabe werden Sektorvertrautheit, Sachkunde und Erfahrung in den Bereichen Nachhaltigkeit und Digitalisierung sowie hinsichtlich des öffentlichen Zwecks und seines Wandels regelmäßig für eine ordnungsgemäße Aufgabenwahrnehmung erforderlich sein. Herauszuheben sind insoweit sicherlich die Bereiche Nachhaltigkeit und Digitalisierung, die angesichts der damit einhergehenden immensen Herausforderungen ein besonders hohes Risiko für Fehlentwicklungen kommunaler Unternehmen bergen. Die hier identifizierten Bereiche der Erfahrung und Sachkunde sollen lediglich als Orientierung für die Praxis dienen, da Anforderungsprofile jeweils für den konkreten Einzelfall zu erstellen sind – bei kommunalen Unternehmen idealerweise vom Aufsichts- bzw. Verwaltungsrat in Abstimmung mit der Kommunalvertretung.

Inwieweit die derzeit vorherrschende Besetzungspraxis dazu geeignet ist, eine den (im Anforderungsprofil konkretisierten) Anforderungen an die Erfahrung und Sachkunde entsprechende Besetzung von Aufsichts- und Verwaltungsräten kommunaler Unternehmen zu gewährleisten bzw. welche Maßnahmen zu einer anforderungsgerechteren Besetzung beitragen könnten, wurde in Teil E. untersucht. Die Ergebnisse der hierfür herangezogenen Analyse von *Klimke-Stripf* haben gezeigt, dass die Besetzung bisher aus (partei-)politischen Erwägungen heraus weitgehend mit Mitgliedern der Kommunalvertretung erfolgt, während die Erfahrung und Sachkunde eine bestenfalls untergeordnete Rolle spielt. Konsequenz dieser Praxis sind Mängel hinsichtlich der Erfahrung und Sachkunde sowohl der einzelnen Vertreter als auch des Gesamtorgans. Anpassungen der Besetzungspraxis scheinen vor diesem Hintergrund zwingend erforderlich, um den gesetzlichen Anforderungen an die Erfahrung und Sachkunde in Aufsichts- und Verwaltungsräten kommunaler Unternehmen gerecht zu werden.

Als mögliche Maßnahmen wurden neben der Gewährung einer angemessenen Vergütung und einer möglichen Einschränkung der Haftungsfreistellung nach § 113 Abs. 7 GO NRW insbesondere die Berücksichtigung der Anforderungen an die Erfahrung und Sachkunde im Besetzungsprozess, die Formalisierung eines anforderungsgerechten Besetzungsprozesses in PCGKs sowie die vermehrte Berücksichtigung externer Fachleute identifiziert. Letzteres erscheint notwendig, weil nicht davon ausgegangen werden kann, dass Erfahrung und Sachkunde in sämtlichen erforderlichen Bereichen durchweg in der Kommunalvertretung vorhanden ist. Die Formalisierung des Besetzungsprozesses in PCGKs soll hingegen insbesondere eine grundsätzliche Kenntnis und Akzeptanz der Anforderungen an die Erfahrung und Sachkunde auf Seiten der Akteure, sowie deren Bindung an eine anforderungsgerechte Besetzung erreichen. Sowohl die Prüfung der erforderlichen Erfahrung und Sachkunde des einzelnen Vertreters vor dessen Bestellung bzw. Entsendung als auch die Erstellung eines Anforderungsprofils sowie die entsprechende Besetzung des Gesamtorgans sollten dabei – als Umsetzung der gesetzlichen Anforderungen – ausdrücklich vorgesehen und in der Praxis berücksichtigt werden.

Letztendlich wird es für eine anforderungsgerechtere Besetzung von Aufsichts- und Verwaltungsräten kommunaler Unternehmen maßgeblich darauf ankommen, dass die Kommunalvertretungen, als zentrale Akteure des Besetzungsprozesses, Erfahrung und Sachkunde als entscheidendes Auswahlkriterium wahrnehmen und in der Folge fraktionsinterne sowie -übergreifende Differenzen im Rahmen der Besetzung zurückstellen. Es wäre daher wünschenswert gewesen, wenn die Einführung des § 113 Abs. 6 S. 1 GO NRW dafür genutzt worden wäre, auf ein stärkeres Bewusstsein für die formulierten Anforderungen hinzuwirken. Die Gesetzesbegründung hat hier leider eine geeignete Chance vertan, indem sie suggeriert, Anpassungen der Besetzungspraxis seien im Zuge der Gesetzesänderung nicht erforderlich.[503] Dass der Einführung des § 113 Abs. 6 S. 1 GO NRW größere Auswirkungen in der Besetzungspraxis folgen, erscheint vor diesem Hintergrund äußerst fraglich.

Umso wichtiger wäre es, dass in die PCGKs der Kommunen den gesetzlichen Anforderungen an die Erfahrung und Sachkunde von Aufsichts- und Verwaltungsräten entsprechende Regelungen aufgenommen und bei der Besetzung auch tatsächlich berücksichtigt werden. Die Frage, ob die Besetzungspraxis sich in diese Richtung entwickelt, bietet sich als Gegenstand zukünftiger Untersuchungen an.

503 Dass *Kaster* darauf schließt, der Gesetzgeber nehme mit der Einführung des § 113 Abs. 6 S. 1 GO NRW die Besetzung mit externen Fachleuten in den Fokus, erscheint in der Sache wünschenswert, lässt sich jedoch kaum aus der Gesetzesbegründung ableiten, *Kaster* in BeckOK KommunalR NRW, GO NRW § 113 Rn. 30a.

Dies alles wird eine vollumfänglich anforderungsgerechte Besetzung in jedem Einzelfall gleichwohl nicht garantieren können. Wie bereits im Fazit zu Teil D. verdeutlicht, darf das jedoch kein Grund sein, es gar nicht erst zu versuchen. Im Zusammenhang mit der Suche nach geeigneten Personen für die Besetzung von Aufsichts- und Verwaltungsräten heißt es mitunter: „Die es können, wollen nicht, und die wollen, können es nicht.“.[504] Das Ziel der Kommunen muss es sein, Aufsichts- und Verwaltungsräte kommunaler Unternehmen mit Personen zu besetzen, die sowohl wollen als auch können.

504 *Schilling*, AR 2015, S. 138 (138); *Ruter*, Wie Sie Beirat oder Aufsichtsrat werden, S. 22.

Anhang 1

Synopse zu den Regelungen zur Erfahrung und Sachkunde von Vertretern der Kommunen in Aufsichts- und Verwaltungsräten kommunaler Unternehmen in den Ländern Nordrhein-Westfalen, Sachsen, Sachsen-Anhalt und Brandenburg

<table>
<tr><th></th><th>Nordrhein-Westfalen</th><th>Sachsen</th><th>Sachsen-Anhalt</th><th>Brandenburg</th></tr>
<tr><td>Wortlaut</td><td>Die Vertreterinnen und Vertreter der Gemeinde haben über die zur Wahrnehmung des Vertretungsamtes sowie die zur Beurteilung und Überwachung der Geschäfte, die das Unternehmen oder die Einrichtung betreibt, erforderliche betriebswirtschaftliche Erfahrung und Sachkunde zu verfügen.

(§ 113 Abs. 6 S. 1 GO NRW)</td><td>Als Mitglieder nach Satz 1 dürfen nur Personen bestimmt werden, die über die für diese Aufgabe erforderliche betriebswirtschaftliche Erfahrung und Sachkunde verfügen.

(§ 98 Abs. 2 S. 4 SächsGemO)</td><td>Die Kommune kann weitere Vertreter entsenden, die über die jeweils notwendige wirtschaftliche Erfahrung und Sachkunde verfügen sollen.

(§ 131 Abs. 1 S. 3 KVG LSA)</td><td>Die Mitglieder des Aufsichtsrates sollen über die zur ordnungsgemäßen Wahrnehmung der Aufgaben erforderlichen Kenntnisse, Fähigkeiten und fachliche Eignung verfügen.

(§ 97 Abs. 4 S. 1 BbgKVerf)</td></tr>
<tr><td>Muss-/Soll-Vorschrift</td><td colspan="2">Muss</td><td colspan="2">Soll</td></tr>
<tr><td rowspan="3">Inhaltliche Anforderungen</td><td colspan="4">Entsprechen grundsätzlich gesellschaftsrechtlichen Anforderungen; insbesondere abhängig vom konkreten Unternehmen und seiner Tätigkeit (vgl. unter C. I. 2.)</td></tr>
<tr><td colspan="3">[...] erforderliche/notwendige (betriebs)wirtschaftliche Erfahrung und Sachkunde [...]</td><td>[...] erforderlichen Kenntnisse, Fähigkeiten und fachliche Eignung [...]</td></tr>
<tr><td colspan="3">Ausdrücklich auch „Erfahrung“</td><td>„Erfahrung“ nicht ausdrücklich gefordert</td></tr>
</table>

<table>
<tr><th></th><th>Nordrhein-Westfalen</th><th>Sachsen</th><th>Sachsen-Anhalt</th><th>Brandenburg</th></tr>
<tr><td>Regelung zum Fortbildungsangebot der Kommune</td><td>Die Gemeinde soll den nach Satz 1 entsandten Personen die Gelegenheit geben, regelmäßig an Fortbildungsveranstaltungen teilzunehmen, die der Wahrnehmung dieser Aufgaben dienlich sind.

(§ 113 Abs. 6 S. 2 GO NRW)</td><td>Die Gemeinde soll den von ihr in Organe eines Unternehmens nach Absatz 1 und 2 entsandten Personen Gelegenheit geben, regelmäßig an Fortbildungsveranstaltungen teilzunehmen, die der Wahrnehmung ihrer Aufgaben dienlich sind.

(§ 98 Abs. 5 S. 1 SächsGemO)</td><td>-</td><td>Sofern dies nicht der Fall ist, soll die Gemeinde für die erforderliche Qualifizierung Sorge tragen.

(§ 97 Abs. 4 S. 2 BbgKVerf)</td></tr>
<tr><td rowspan="2">Pflicht der Vertreter zur Fortbildung</td><td colspan="2">Ja</td><td colspan="2">Nein</td></tr>
<tr><td colspan="2">Die nach Satz 1 entsandten Personen haben sich regelmäßig zur Wahrnehmung dieser/ihrer Aufgaben fortzubilden.

(§ 113 Abs. 6 S. 2 GO NRW /
§ 98 Abs. 5 S. 2 SächsGemO)</td><td colspan="2">-</td></tr>
</table>

Anhang 2

Muster-Anforderungsprofil für Aufsichts- und Verwaltungsräte kommunaler Unternehmen und Beispiel personeller Zusammensetzung

Folgende Mitglieder sind im Beispielsfall im Aufsichtsrat einer Stadtwerke GmbH vertreten:

- Mitglied A ist Rechtsanwalt und Mitglied der Kommunalvertretung.
- Mitglied B ist Wirtschaftsprüfer, Steuerberater und Mitglied der Kommunalvertretung.
- Mitglied C ist Arbeitnehmervertreter und hat im kommunalen Unternehmen bereits mehrere Digitalisierungsprojekte verantwortet.
- Mitglied D ist Beschäftigter eines mittelständischen Unternehmens, war dort an der Entwicklung und Umsetzung einer Nachhaltigkeitsstrategie beteiligt und ist Mitglied der Kommunalvertretung.
- Mitglied E ist Unternehmer im Bereich IT/Digitalisierung.
- Mitglied F ist Arbeitnehmervertreter und im kommunalen Unternehmen in der Rechnungslegung tätig.

Das Anforderungsprofil definiert Erfahrung und Sachkunde in den auf der folgenden Seite dargestellten Bereichen als im Gesamtorgan erforderlich. Die Mitglieder werden den einzelnen Bereichen zugeordnet.

Bereich der Erfahrung und Sachkunde	Mitglieder
Juristische Kenntnisse	Mitglied A Mitglied B
Rechnungslegung und Abschlussprüfung	Mitglied B Mitglied F
Sektorvertrautheit	Mitglied C Mitglied F
Nachhaltigkeit	Mitglied D
Digitalisierung	Mitglied C Mitglied E
Öffentlicher Zweck	Mitglied A Mitglied B Mitglied D

Scheiden nun z. B. im Zuge einer Kommunalwahl die Mitglieder der Kommunalvertretung (Mitglieder A, B und D) aus, wäre im Gesamtorgan allein durch die im Aufsichtsrat verbleibenden Mitglieder keine Erfahrung und Sachkunde in den Bereichen „Juristische Kenntnisse", „Digitalisierung" sowie „Öffentlicher Zweck" vorhanden. Die Kommunalvertretung (respektive schon die Fraktionen bei der Vorauswahl) hätte demzufolge bei der Bestellung bzw.

Entsendung sachkundiger Nachfolger darauf zu achten, dass diese jeweils die geforderten Mindestkenntnisse erfüllen und in Summe möglichst Erfahrung und Sachkunde in den o. g. Bereichen mitbringen.[505]

Für die Stadtwerke GmbH sind darüber hinaus folgende Mindestkenntnisse definiert, über die jedes Mitglied des Aufsichtsrats verfügen oder sich bis zum Amtsantritt aneignen muss:

- Kenntnis des Geschäftsmodells der Stadtwerke GmbH
- Kenntnis der im Gesellschaftsrecht sowie dem Gesellschaftsvertrag der Stadtwerke GmbH geregelten Rechten und Pflichten von Vorstand, Aufsichtsrat und Gesellschafterversammlung
- Grundkenntnisse im Bereich Rechnungslegung/Bilanzierung

505 Handelt es sich bei den Nachfolgern wiederum um Mitglieder der Kommunalvertretung, ist von Erfahrung und Sachkunde im Bereich „Öffentlicher Zweck" auszugehen, vgl. unter D. II. 6.